2009 개정 교육과정
전라남도 교육감 인정
고교-31-003-13-14

고등학교

바둑지도사
실무

2009 개정 교육과정
전라남도 교육감 인정
고교-31-003-13-14

고등
학교

바둑지도사
실무

정수현 · 김바로미 · 이수정 지음

<교과서 물려주기 기록표>

연도	교과서 사용자				상태
	학년	반	번호	이름	

※ 상태표기 예시: 매우 좋음, 좋음, 보통, 나쁨

머리말

우리나라에서 본격적으로 바둑교육이 행해진 지 어언 40여 년이 흘렀습니다. 그동안 바둑학원이나 바둑교실, 초등학교 방과후수업, 전문바둑도장 등 다양한 교육 시스템이 출현하면서 양적인 면에서 많은 발전이 이루어졌습니다. 바둑을 가르치는 일을 전문직 으로 삼는 '바둑지도사' 계층도 생겨나 바둑계의 주요한 직업인으로 자리 잡게 되었습니다.

이와 같은 양적 팽창에도 불구하고 바둑교육의 질적인 면은 그다지 만족스러운 수준 이라고 보기 어렵습니다. 무엇보다도 바둑교육에 체계성이 없다는 점을 지적할 수 있습니다. 기존의 재래식 바둑교육은 '교수−학습'에 관한 이론적 기반이 없이 전통적으로 해 오던 방식을 답습해 왔고, 그로 인해 체계적인 교육방법으로 발전하지 못하였습니다.

바둑교육이 질적으로 크게 발전하지 못한 것은 바둑교육에 대한 피상적인 인식 때문 이라고 할 수 있습니다. 바둑계에서는 '바둑보급'이라는 말을 사용하여 바둑을 널리 전 파하는 것을 목표로 삼아 왔는데, 이것이 본질적으로 교육을 통해서 이루어지는 활동이 라는 관념을 갖지 못하였습니다. 또한 바둑교육의 주요 대상인 아동들이 지능, 주의력, 인성 발달과 같은 고도의 교육적인 효과를 기대하며 수업에 참여하고 있음에도 불구하 고, 바둑을 가르치는 바둑지도사가 전문적인 소양을 쌓아야 한다는 생각을 하지 못하였 습니다. 이러한 피상적 인식으로 인해 바둑교육 방법은 발전하지 못하였고, 그 결과로 효과적인 교육을 시행하는 데 한계가 있었습니다.

물론 전통적인 방식이라고 해서 모두 문제가 있는 것은 아닙니다. 바둑교육 분야에서 는 격언식 지식 교수, 기보감상, 복기, 공동연구 등 타 분야에서도 응용하면 좋을 독특하 고 의미 있는 교육방법들을 적용해 왔습니다. 또한 근래 서구의 교육에서 성행하고 있는 실제적 문제해결 중심의 교육을 일찍부터 해 왔습니다.

이와 같은 장점을 살리면서 교육 분야의 이론과 방법을 도입한다면 바둑교육은 훨씬 더 체계적이 되고 효과적인 결과를 낳게 될 것입니다. 다시 말해서 교육방법상의 이론적 토대를 구축하고 그것을 수행할 수 있는 능력을 쌓도록 한다면 바둑교육은 진일보할 것입니다. 예를 들어 교육목표 설정, 교육시설 및 매체 준비, 학습자 분석, 학습내용 선정 및 조직, 교수−학습 방식 활용, 교재 구성, 평가 실시 등 교육과 관련된 활동에 관한 지식과 능력을 배운다면 바둑교육의 질은 크게 향상될 것입니다.

이 책은 바둑교육을 담당하는 바둑지도사들이 기본적으로 알아야 할 바둑교육에 관한 지식과 실무를 다룬 교과서입니다. 바둑학을 전공하는 고등학교 학생들의 교과서로 제작하였는데, 바둑교육 분야에 종사하는 바둑지도사들과 바둑교육에 관심을 가진 이들에게도 도움이 될 것으로 봅니다. 주요 내용은 제1부 바둑교육의 기초, 제2부 바둑교육 방법, 제3부 바둑교육 실무의 세 부문으로 구성하여, 실제 교육장면에서 활용 가능한 지식 위주로 비교적 쉽게 설명을 하였습니다.

그러나 바둑교육의 다양한 측면과 기법을 이 책에 종합적으로 담기에는 무리가 있습니다. 교수−학습의 이론, 교수설계, 학습심리, 동기유발 전략 등 보다 고급스런 내용은 이 책에서 다루지 못하였습니다. 이 책을 통해 바둑교육의 기초이론과 실무를 익힌 후 점차 그런 내용으로까지 확장해 나가기를 추천합니다.

바둑교육을 다룬 이 교과서가 우리나라의 바둑교육 발전에 일조하기를 기대합니다.

2014년 11월
저자 씀

차례

바둑교육 실무

Chapter 1

바둑교육의 기초

　　바둑교육은 새로운 바둑인구를 육성하여 바둑문화를 유지시키고 발전시키는 역할을 한다. 적절하고 효과적인 바둑교육이 이루어져야 바둑 팬이 늘어나게 되며, 바둑문화 활동도 풍성해지게 될 것이다.

바둑교육을 효과적으로 하기 위해서는 바둑교육의 교수-학습에 관한 이론적인 토대를 구축하고, 그러한 토대 위에서 바둑교육의 방법을 배우고, 실제로 바둑교육을 행하는 데 필요한 실무적인 지식을 배울 필요가 있다.

제1부에서는 바둑교육의 이론적 기초에 해당하는 교수목표, 학습내용, 교수자, 학습자, 교수방법 등 바둑교육의 요소들에 관해 알아보기로 한다.

▮ 학습목표

1. 바둑교육의 개념을 설명할 수 있다.
2. 바둑교육의 요소를 열거할 수 있다.
3. 바둑교육의 교수목표를 진술할 수 있다.
4. 바둑의 학습내용을 선정하여 구성할 수 있다.
5. 학습자의 특성에 맞게 수업을 설계할 수 있다.
6. 바둑지도사가 갖추어야 할 요건을 설명할 수 있다.

1. 바둑교육의 요소

▌ 학습목표	1. 바둑교육의 개념을 설명할 수 있다. 2. 바둑교육의 요소를 열거할 수 있다. 3. 각 요소의 중요성을 설명할 수 있다.

학습내용

바둑교육을 잘 하려면 먼저 바둑교육이 어떤 요소들로 이루어져 있는지를 이해할 필요가 있다. 바둑교육의 주요 부문이라고 할 수 있는 이러한 요소들을 살펴봄으로써 바둑교육에서 무엇을 중시해야 하는지를 파악할 수 있다. 바둑교육의 개념과 함께 바둑교육의 요소에는 어떤 것들이 있는지 알아보기로 하자.

1) 바둑교육의 개념

바둑교육이란 바둑을 가르치는 것을 말한다. 바둑을 아는 사람이 바둑을 잘 모르는 사람에게 바둑에 관한 내용을 가르치는 것을 가리킨다. 예전에는 이것을 '바둑지도'라고 지칭했는데, 근래에 와서는 '바둑교육'이라는 말이 흔하게 쓰이고 있다. 바둑지도와 바둑교육은 둘 다 바둑을 가르치는 것을 의미하지만, 바둑교육이 바둑지도보다 좀 더 넓은 뜻을 내포하고 있다.

어의상으로 보면 '교육(敎育)'이라는 말은 단순히 가르치는 것 이상의 뜻을 지니고 있다. 다시 말해서 교육은 가르치고 육성(育成)한다는 뜻, 즉 지식과 기술 등을 가르쳐 인격을 길러준다는 의미를 갖고 있는 것이다. 이런 의미는 교육을 뜻하는 영어 단어인 'education'을 보면 더욱 명확해진다. Education은 '밖으로 이끌어낸다'는 뜻을 담고 있다. 사람이 가진 선천적인 잠재능력을 밖으로 이끌어내 소질을 개발시킨다는 의미를 담고 있는 것이다.

교육이 이처럼 넓은 뜻을 포함하고 있다면, '바둑교육'을 단순히 몇 가지 기술을 가르치는 것으로 이해하는 것은 다소 좁은 생각이라고 할 수 있다. 바둑에 관한 기술적 지식을 습득하고, 바둑을 두는 기술을 터득하는 차원을 넘어서 바둑을 통해 개인의 잠재적인 능력을 개발하는 측면까지 고려할 필요가 있는 것이다.

실제로 아동을 대상으로 한 바둑교육에서는 바둑학습을 통하여 집중력 향상, 지적 능력 향상 발달, 인성 발달과 같은 아동발달 효과를 기대하는 경우가 많다. 여가를 즐기는 놀이인 바둑에서 이런 교육적 효과를 기대하는 것은 특이한데, 이는 바둑에 관한 전통적인 관념과 관계가 있는 것으로 보인다. 바둑의 기원(起源)에 관한 요순창제설에서는 '요순(堯舜)이 어리석은 아들을 깨우쳐주기 위하여 바둑을 만들었다'고 적고 있고, 바둑에서 얻는 다섯 가지 이득을 담은 '기도오득(棋道五得)'에는 바둑으로부터 교훈을 얻고 깨달음을 얻는다고 적혀 있다.

바둑교육에는 이와 같은 바둑의 효용성에 관한 인식이 담겨 있다. 단순히 바둑의 지식과 기술을 습득하기 위하여 바둑을 배우는 것이 아니라, 바둑을 통하여 아동의 지적 능력 등과 같은 인간개발을 하려는 의도를 포함하고 있는 것이다.

바둑을 두면 분석력, 논리적 추리력, 판단력 등과 같은 고차원의 지적 능력을 사용하게 되니 지적 능력 향상을 기대하는 것은 무리가 아닐 것이다. 또한 바둑의 재미에 몰입하여 바둑을 두다 보면 강도 높은 주의집중력이 길러진다. 인성 발달은 차분하게 마음을 가라앉히고 생각하는 태도, 규칙을 지키는 자세 등과 같은 외적인 면에서도 이루어질 수 있지만, 바둑 속에 담긴 교훈적 요소를 통해서도 효과를 추구할 수 있다. 예를 들어 '마음을 맑게 하여 욕심을 줄여라', '남을 공격하기 전에 자신부터 돌아보라', '싸우면서도 상생과 타협을 하라'와 같은 내용은 세상을 살아가는 데도 도움이 되는 인성발달적 성격을 갖고 있다. 이런 내용을 적절하게 구성하여 교육시킨다면 바둑교육은 단순한 기술적 학습의 수준을 넘어 인간발달까지 구현하는 교육이 될 수 있다.

성인의 바둑교육에서는 주로 기술적 내용의 교육에 초점이 두어진다. 성인들은 바둑을 배워 여가활동을 하고자 하기 때문이다. 그렇지만 성인 학습자 중에도 바둑에서 삶의 지혜나 교훈을 배우려는 사람들이 있다. 특히 기업을 운영하는 경영자들은 바둑의 전략과 문제해결 방법에도 관심을 갖는다.

이렇게 보면 바둑교육이란 바둑기술을 가르치면서 인간개발을 하는 특징을 지니고 있다고 하겠다.

기도오득(棋道五得)

우리나라 사람 중에는 흔히 바둑을 통해서 삶의 교훈과 지혜를 얻을 수 있다고 생각하는 이들이 적지 않다. 바둑은 인생살이나 세상사와 닮은 점이 많으며, 그래서 세상을 살아가는 이치나 교훈을 얻을 수 있다고 보는 것이다.

이런 생각은 예로부터 내려오는 '기도오득'에 잘 나타나 있다. '기도(棋道)'는 바둑의 별칭으로서 바둑을 하나의 '도'로 바라보는 입장이 담겨 있다. 오득은 다섯 가지 이득을 의미하니, '기도오득'은 바둑에서 얻을 수 있는 5가지 이득이라는 의미이다. 그 이득은 다음과 같다.

- 득호우(得好友): 좋은 친구를 얻는다.
- 득인화(得人和): 사람들과의 화목함을 얻는다.
- 득교훈(得敎訓): 삶의 교훈을 얻는다.
- 득심오(得心悟): 마음의 깨달음을 얻는다.
- 득천수(得天壽): 타고난 수명을 누리게 한다.

여가를 즐기는 게임인 바둑에서 좋은 친구를 얻고 타고난 수명을 누리게 한다는 표현이 재미있다. 또한 교훈과 깨달음을 얻는다는 표현을 하고 있다. 바둑에서 이런 효용을 얻을 수 있다는 것이 특이하지 않은가.

바둑교육을 통하여 이러한 효과를 제대로 얻도록 한다면 매우 유익할 것이다. 특히 바둑에서 삶의 교훈과 깨달음을 얻는다면 바둑교육은 어린이는 물론 성인들에게도 일석이조의 교육이 될 수 있다.

바둑교육을 통하여 이런 효과를 얻도록 하려면 바둑을 가르치는 교사들이 그러한 내용을 이해하고 추출하여 정교하게 설계를 할 필요가 있다. 바둑만 배우면 이런 효과가 저절로 생겨나는 것은 아니기 때문이다.

2) 바둑교육에 대한 관념

일반적으로 무엇인가를 가르친다고 하면 사람들은 선생이 학생에게 책에 있는 내용을 설명해 주는 것으로 생각하는 경향이 있다. 다시 말해서 가르칠 내용을 알고 있는 선생이 그 내용을 모르는 학생에게 전달해 주는 것이라고 본다. 이러한 관념은 교육활동을 너무 단순한 것으로 인식하게 만든다. 누구든 내용만 알고 있다면 가르칠 수 있다고 생각하게 하는 것이다. 예를 들어 사람들은 과외와 같은 사교육에서도 영어나 수학 등에 관한 내용지식만 알고 있다면 잘 가르칠 수 있다고 생각한다.

바둑교육에서도 바둑만 잘 두면 잘 가르칠 수 있다는 관념이 지배적이었다. 바둑을 잘 두는 사람이라면 바둑기술에 관한 내용을 많이 알고 있을 것이니, 이런 사람은 바둑을 배우려는 사람에게 바둑을 잘 가르칠 수 있다고 본 것이다.

그러나 바둑교육 활동이 성행하게 되면서 바둑교육에 관한 관념에 변화가 왔다. 바둑만 잘 둔다고 해서 잘 가르칠 수는 없다는 생각이 퍼지기 시작한 것이다. 바둑교육을 하는 데는 바둑에 관한 지식과 함께 가르치고 배우는 활동, 즉 교수-학습에 관한 지식과 기술이 필요하다는 인식을 하게 되었다. 예를 들어 유치원 아동에게 바둑을 가르친다고 할 때 단순히 바둑을 잘 두는 능력만으로는 교육과 관리를 효과적으로 할 수 없을 것이다. 아동의 발달 상태를 파악하여 지적 수준에 맞게 가르치는 방법이 필요하며, 수업 중 아동의 행동에 관한 지식도 가지고 있어야 한다. 또한 성인 학습자를 가르친다고 하더라도 바둑에 관한 수많은 지식과 기술을 어떤 순서로 가르치는 것이 좋을까 하는 문제에 봉착하게 된다.

그렇다면 바둑교육을 효과적으로 하기 위한 교수-학습의 지식과 기술이란 어떤 것인가? 이에 관한 내용을 다루는 분야에는 교수-학습이론, 교육방법 및 교육공학, 교육심리학 등의 과목이 있다. 일반적으로 무엇을 배운다는 것은 학습자가 새로운 정보를 받아들여 머릿속에서 처리하고, 그것을 기억 속에 저장하는 것이다. 교사는 이러한 학습활동을 유도해 주는 역할을 한다. 이러한 역할을 제대로 하려면 학습자의 학습에 관한 심리적 메커니즘을 이해하고 그에 맞게 처방을 하는 능력을 가져야 할 것이다.

요약하면, 효과적인 바둑교육을 하기 위해서는 바둑에 관한 지식과 능력은 물론 교육에 관한 지식과 능력도 갖춰야 한다는 것이다.

3) 바둑교육의 요소

바둑교육을 구체적으로 이해하기 위하여 바둑교육의 요소를 살펴볼 필요가 있다. 바둑교육을 구성하고 있는 요소들을 구분하여 각 요소들의 기능을 알아보고, 그 요소들을 어떻게 처치하는 것이 좋을지를 생각해 봄으로써 교육적 처방을 용이하게 할 수 있을 것이다.

전통적으로 교육의 요소로는 교사, 학생, 내용의 세 가지를 꼽았다. 교사를 교육의 '주체', 학생을 '객체', 내용을 '매개체'로 구분하였다. 이렇게 구분해 보는 것은 의미가 있다. 교사는 무엇을 해야 하며, 학생은 어떤 특징을 지니고 있는가를 고려하고, 공부해야 할 내용이 어떤 것인가를 검토해 보면 교육을 구체적으로 이해하는 데 도움이 될 것이다.

그런데 교육에는 이 세 가지 외에도 더 많은 요소들이 있다. 교육을 통하여 달성하고

자 하는 목표, 교육을 하는 방법, 교육을 하는 환경과 같은 요소들이 있다. 이것들을 도식으로 나타내 보면 [그림 1-1]과 같다. 이러한 요소들이 상호작용하며 교육 활동을 이루어낸다.

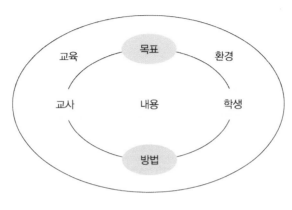

[그림 1-1] 교육의 요소

교육의 이 여섯 가지 요소들에 관해 간략하게 알아보기로 한다.

(1) 교사

교사는 교육을 주도하며 학습내용을 가르치는 사람이다. 대부분의 교육은 교사가 어떻게 하느냐에 따라 좌우되기 때문에 교사의 역할이 매우 중요하다. 교사는 기본적으로 자신이 가르치는 분야의 교육내용에 관하여 잘 알고 있어야 한다. 학습자보다 내용을 잘 모른다면 가르칠 수가 없기 때문이다.

이러한 내용지식과 함께 교사는 가르치는 방법, 즉 교수법에 관해서도 잘 알고 있어야 한다. 학생들이 교육내용을 잘 이해하여 효과적인 수업이 되도록 하려면 어떤 식으로 가르쳐야 하는가를 잘 알고 있어야 하는 것이다.

전통적으로 바둑 분야에서는 바둑교사들이 이러한 교수법을 제대로 배울 기회를 갖지 못하였다. 바둑계에 바둑을 가르치는 방법에 관한 교육프로그램이 거의 없었고, 무엇보다도 바둑만 알면 잘 가르칠 수 있다는 그릇된 관념을 갖고 있었기 때문이다. 바둑지도사가 바둑을 가르치는 전문직이라면 가르치는 활동에 관한 전문능력을 갖춰야 하는 것이 당연한데도 사람들은 바둑교수법에 관한 공부를 하지 않고 피상적인 상식으로 교육을 한 것이다. 근래에 와서 바둑계에서도 바둑교육의 중요성에 관한 인식이 높아지며 교육능력을 배양해야 한다는 생각이 확산되고 있다. 프로기사들도 바둑교육에 관한 연수를 받고, 대학교 등에 바둑교사를 위한 교육 프로그램이 운영되고 있으며, 바둑교사들도 전문능력을 쌓기 위한 노력을 하고 있다.

교사의 전문성이 뛰어나다면 교육과 관련된 여러 요소들을 컨트롤하는 능력이 높을 것이다. 그만큼 바둑교육의 효과도 커질 것이다.

(2) 학습자

학습자는 교육을 통하여 변화시키려는 대상이기 때문에 교육에서 매우 중요한 존재이다. 가르치는 교사의 입장에서는 학습자의 특징을 이해하는 것이 필요하다. 모든 학습자들이 똑같은 상태에서 배우는 것은 아니며, 학습자에 따라 다양한 차이를 보일 수 있기 때문이다.

어떤 내용을 가르칠 때 학습자에 따라 차이를 두어야 한다는 것은 기본적인 상식이다. 가령 어린이와 성인에게 똑같은 내용을 가르친다고 하자. 어른은 쉽게 이해할 수 있는 내용이라도 어린이는 이해하지 못하는 일이 생길 수 있다. 예를 들어 수순, 대마불사, 침략 등의 용어를 성인이라면 어려움 없이 알아들을 수 있으나, 초등학교 어린이는 이해하지 못할 수 있다. 또한 비슷한 연령의 학습자라도 어떤 사람은 바둑에 재미를 느끼는 반면, 어떤 사람은 별다른 재미를 느끼지 못할 수도 있다. 이러한 학습자의 차이를 고려하지 않고 가르친다면 성공적인 교육이 되기 어려울 것이다.

교육을 할 때 학습자의 특성을 잘 이해하여 교육적 처방을 내려야 하기 때문에 어떤 의미에서 교사는 교육적인 면에서 '학습자를 처치하는 의사'라고 할 수 있다. 의사가 환자의 상태에 관하여 자세하게 알수록 처방을 정확하게 할 수 있듯이, 교사도 학습자의 특성에 관하여 잘 알고 있는 편이 교육적 처방을 잘 할 수 있다.

(3) 학습내용

학습내용은 학습자가 해당 교과에서 배우는 내용을 말한다. 학습내용은 학습자들이 교수−학습 활동을 통하여 습득해야 하는 내용이니, 교사는 자신이 가르치는 과목의 학습내용에 관하여 정통해야 한다. 특히 바둑교육에서는 가르치고 배워야 할 내용이 매우 많기 때문에 학습자의 수준에 맞게 학습 내용을 선정해서 배열해 주는 일이 중요하다.

흔히 바둑서적에 나온 내용을 순서대로 가르치면 되지 않느냐고 생각하는 사람이 많다. 이들 바둑서적은 나름대로 중요한 내용을 선정하고 순서를 어떤 기준에 따라 구성한 것이지만, 그리 만족할 만한 수준이라고 보기는 어렵다. 학습자의 이해와 바둑기술의 본질을 깊이 있게 연구한 교수전문가에 의해 만들어지지 않았기 때문이다.

이런 점에서 바둑의 학습내용을 어떻게 선정하고, 그것을 효과적으로 구성할 것인가를 연구할 필요가 있다. 학습자의 단계별 수준에 맞게 학습내용을 선정하고, 그것을 적절히 구성하여 커리큘럼을 만드는 일은 생각보다 단순하지 않다.

(4) 교수목표

교수목표는 수업에서 교사가 가르치려고 하는 목표(goal)를 말한다. 교육이란 어떤 목적을 가지고 행하는 의도적인 활동이기 때문에 '목표'를 정하여 그것이 달성되었는지를 체크하는 것이 필요하다. 예를 들어, 1시간 동안 수업을 한다고 하면 그 수업시간에 달성해야 할 목표를 정하여 수업을 진행해야 한다.

목표가 없이 수업을 하게 되면 나침반 없는 배처럼 표류를 하게 되어 수업을 성공적으로 진행하기가 어렵다. 예를 들어 강의를 한 10분 정도 하고, 나머지 시간을 적당히 실전 대국을 하게 하는 식으로 진행을 하기 쉽다. 강의는 나름대로 교수목표를 설정할 수 있으나, 실전대국은 목표와는 무관하게 실시할 가능성이 많다. 이런 식의 수업을 3개월, 또는 6개월 정도 진행한다고 할 때 과연 단계별로 도달해야 할 목표를 달성할 수 있을까?

교수목표는 수업의 방향을 인도하는 역할을 한다. 교육은 교수목표를 달성하는 방향으로 이끌어 나가면 된다. 어떤 수업이든 도달하고자 하는 목표가 있고, 그 목표를 달성한다면 효과적인 수업이라고 할 수 있다.

(5) 교수방법

교수방법은 수업내용을 가르치는 방법을 말한다. 흔히 가르친다고 하면 교사가 내용을 강의하는 것으로 생각하는 경향이 있는데, 강의하는 것만이 교수법의 전부가 아니다. 학생들이 토론하며 수업을 하거나 팀별로 협동하며 수업을 하는 방식 등 다양한 교수방법들이 있다. 바둑 분야에서도 실전대국을 통해서 수업을 하는 방법, 수읽기 등 문제풀이를 하며 바둑능력을 향상시키는 방법, 대국이 끝나고 복기하는 방법 등 비교적 다양한 교수방법들이 있다.

이러한 교수방법은 각각 장점과 단점이 있으므로 수업내용이나 학습자의 특성에 따라 적절한 방법을 선택할 필요가 있다. 사활문제를 푸는 수업을 할 때 교사가 강의를 하는 방식보다는 학생들이 직접 풀어보는 방식이 더 효과적일 수 있다. 그러나 푸는 방식을 잘 모르는 학습자라면 강의를 통해 급소를 찾고 수읽기를 하는 방법을 설명해 주는 방식이 더 효과적일 수 있다.

교수방법은 단순히 가르치는 스킬만을 가리키는 것은 아니다. 학습자가 수업에 흥미를 느끼고 몰두할 수 있도록 하거나 칭찬을 하여 특정 행동을 유도하는 동기유발 전략도 포함된다.

(6) 교육환경

가르치는 데 있어서는 교육을 하는 '환경'도 중요한 요소이다. 학교의 교실에서 수업을 하는 것과 집에서 혼자 공부를 하는 것은 심리적으로나 학습 효과 면에서 차이가 있을 것이다. 또한 교실에서 수업을 받더라도 바둑판이 없이 자석바둑판과 칠판을 놓고 수업하는 환경과 컴퓨터와 빔프로젝트 시설이 갖춰진 환경에서 수업하는 것은 차이가 있을 것이다.

이러한 환경적인 요소도 교육에 영향을 준다는 것을 이해할 필요가 있다. 바둑지도사들은 수업을 할 때 바둑판과 바둑돌, 자석바둑판, 빔프로젝트 등 바둑교육과 관련된 매체나 시설이 어떤가를 살펴보아 수업을 준비해야 한다.

교육환경은 이와 같은 시설적인 면에 국한되지 않는다. 학습자 간의 분위기나 학교의 문화 같은 요인도 환경에 들어간다. 학습자들이 전반적으로 열심히 공부하는 분위기라면 같이 열심히 공부하게 되니 이러한 심리적·문화적 환경도 시설 못지않게 중요한 것이다.

바둑공부를 그만둔 어린이

초등학교에 다니는 한 어린이가 집 주변에 있는 바둑교실에 등록하여 바둑을 배우기 시작했다. 중급 수준의 기력을 가진 그 어린이의 아버지가 바둑을 배우면 좋을 것이라고 하여 바둑수업을 시작한 것이다.

바둑을 배운 지 3개월쯤 된 어느 날 그 어린이의 아버지가 아들의 바둑실력을 알아볼 겸 바둑을 한판 두자고 하였다. 어린이도 바둑교실에서 배운 실력으로 아빠와 바둑을 두는 것이 재미있을 것 같아 9점 접바둑으로 대국을 하였다.

그런데 바둑을 두어가면서 아버지는 실망을 했다. 아들이 돌을 잡아서 따내는 기술을 알고 있을 뿐 배운 내용이 너무 적었기 때문이다. "바둑을 배운 지 얼마 안 되어 그렇겠지." 하며 아버지는 열심히 배우라고 격려를 했다.

그 후 6개월 정도 되었을 때 아버지는 아들에게 바둑을 두어보자고 했다. 이번에는 실력이 좀 늘었을 것이라는 기대를 하며 대국을 하자고 했다.

바둑을 두던 아버지는 얼굴빛이 변했다. 아들이 바둑돌만 보면 잡아서 따내려고 했고, 다른 기술은 거의 모르고 있었기 때문이었다. 3개월 전에 두던 모습과 거의 차이가 없었다.

화가 난 아버지는 아들의 바둑수업을 중단시켰다. 바둑교실의 교육에 문제가 있다고 본 것이다. 이 어린이는 이때 바둑학습을 중단한 후 성인이 될 때까지 바둑을 배울 기회를 더 이상 갖지 못했다.

이 어린이의 바둑학습에서 무엇이 문제였을까? 바둑을 가르치는 지도사의 입장에 보면 어떤 점들이 부족했을까?

 **학습활동**

| ▌ 활동 1 ▌ 바둑교육의 효과 토론하기 | ACTIVITY |

사람들은 바둑교육에서 단순히 바둑기술을 배우는 것 이상의 효과를 기대한다. 바둑교육에서 얻을 수 있는 효용은 무엇인지, 이런 효용을 얻도록 하려면 어떤 방법을 써야 하는지에 관해 토론해 보기로 하자.

| ▌ 활동 2 ▌ 바둑교육의 요소 토론하기 | ACTIVITY |

바둑교육이 어떤 요소로 이루어지는지에 관해 토론해 보기로 하자. 이러한 요소들이 다른 요소와 어떻게 상호작용을 하는지에 대해서도 토론해 보자.

2. 교수목표 세우기

▌학습목표	1. 교수목표가 무엇인지 설명할 수 있다. 2. 교수목표의 중요성을 설명할 수 있다. 3. 바둑의 교수목표 진술 방법을 보여줄 수 있다.

학습내용

효과적인 교육이 되려면 먼저 교수목표를 올바로 세워야 한다. 이 단원에서는 교수목표를 세우는 것이 왜 중요한지를 이해하고 교수목표를 진술할 때 어떻게 하는지를 알아보기로 한다.

1) 교수목표의 중요성

바둑을 가르치려고 할 때 교사들은 어떤 목적이나 목표를 가지고 있다. 자신이 어떤 내용을 가르쳐서 학습자가 그것을 기억하고 실제로 써 먹을 수 있도록 할 생각을 한다. 이처럼 학습자로 하여금 수업을 통해서 습득시키고자 하는 것을 그 수업의 '목표(goal)'라고 한다.

이 목표는 가르치는 입장에서 보면 '교수목표'라고 할 수 있고, 배우는 입장에서 보면 '학습목표'라고 할 수 있다. 이 두 가지를 합하여 '교수-학습목표'라고 할 수도 있다. 때로는 '수업목표'라는 말도 쓰인다.

교육을 할 때 이 목표를 분명하게 세우는 것이 중요하다. 교수목표가 분명해야 수업이 올바른 방향으로 나아갈 수 있기 때문이다. 목표가 분명치 않은 수업은 목적지가 없는 배와 같다. 목적지가 없다면 어디로 가야 할지를 몰라 바다에서 표류를 할 가능성이 있듯이, 목표가 분명하지 않은 수업은 방향을 잃고 표류를 할 가능성이 많다.

예를 들어, 정석을 가르치는 수업이라고 하자. 이번 시간에는 정석을 배울 것이라고 정해 놓았다고 하면 나름대로 목표가 있는 것이지만, 이것으로는 너무 막연하다. 정석에 관한 무엇을 배울 것인지가 불분명하여 교사가 어떤 내용을 다룰 것인지 애매하다. 다시 말해서, '정석의 이해'나 '정석의 학습' 등과 같이 목표를 정하면 정확히 무엇을 가르치고 배울 것인지가 불분명해지는 것이다. 따라서 '화점의 날일자걸침에 대한 붙임수 기본정석 배우기'와 같이 명확하게 교수목표를 기술하는 것이 좋다. 목표가 구체적일수록 그 목표를 달성하기가 쉽고, 달성 여부를 평가하기도 용이하다.

그런데 일반적으로 바둑수업에서는 기술적인 지식의 학습과 함께 실전대국을 병행하는 것이 관례처럼 되어 있다. 단순히 기술에 관한 강의만 한다면 학습자들이 재미없어한다고 보아 바둑지도사들은 대부분 실전대국을 하도록 하고 있는데, 이 실전대국의 비중이 기술지식에 관한 강의보다 더 큰 실정이다. 이처럼 실전대국이 수업시간의 상당 부분을 차지한다면 당연히 이에 관한 내용도 교수목표로 진술해야 할 것이다.

실전대국은 한 판의 바둑을 두면서 기술적 지식을 종합적으로 응용하기 때문에 교수목표를 정하기가 쉽지 않다. 그렇지만 목표를 정하지 않고 그냥 바둑을 두도록 한다면 역시 나침판 없는 배와 같아 효과적인 교육으로 이끌기가 어렵다.

실전대국에 관해서는 강의에서 가르친 기술적 지식을 응용하는 식으로 교수목표를 정하는 것이 효과적이다. 예컨대, 축과 축머리에 관한 기술을 강의했다면 축이 나오는 실전상황에서 적절하게 처리하도록 유도하는 것이다. 패의 규칙을 배웠는데, 실전대국에서 패 모양이 나온다면 학습자는 "아하! 이런 것이 패로구나." 하며 실제적으로 패를 이해하는 효과가 있을 것이다.

물론 실전대국에서 그날 배운 기술에 관한 모양이 나오지 않을 수도 있다. 그런 상황에서는 여러 명의 학생이 수업할 경우 관련된 모양이 나온 실전장면을 휴대폰 카메라로찍어 강의를 해 준다든지 하면 좋을 것이다.

아무튼 교육에서는 교수목표가 있어야 하고, 가급적 구체적으로 진술을 하여 목표가 분명한 수업으로 이끌도록 해야 한다.

과정을 마치면 기력이 얼마나 될까?

어떤 사람이 바둑을 배우기 위하여 바둑학원을 찾았다. 초보자인 그 사람은 바둑교육 과정에 관하여 이것저것 질문을 하였다. 그 질문 중에서 다음과 같은 내용이 있었다.

"이 과정을 마치고 나면 바둑 실력이 어떻게 되나요?"

이렇게 묻자 바둑학원 원장은 머뭇거렸다. 입문과정을 마치고 나도 기력이 어느 정도 되는지 뚜렷하게 정해 놓은 것이 없었기 때문이다. 원장은 머뭇거리다가 이렇게 답변을 했다.

"한 25급쯤 될까요. 사람마다 차이가 있겠죠."

그러자 이 방문자는 의아한 눈빛을 띄었다.

"3개월을 배워서 그 정도밖에 안 되나요? 25급이 되면 어떤 실력을 구사할 수 있나요?"

계속되는 질문에 원장은 좀 당혹스러워 했다. 이런 질문을 하는 사람은 거의 없었기 때문이다. 입문과정을 마칠 경우 어느 정도 수준이 되는 것이 타당한지 한 번도 생각한 적이 없었다.

그 방문자가 돌아가고 난 뒤 원장은 혼자서 생각을 해 보았다. 입문과정을 마치고 나면 학습자는 무엇을 할 수 있을까? 이음과 끊음, 단수와 따냄, 사활 등 기본적인 규칙은 알 것이다. 그리고 축, 장문, 호구이음, 쌍립 같은 기본기술도 알 것이다. 그렇다면 한 판의 바둑을 혼자서 끝까지 둘 수 있을까?

마지막 질문에 이르러 원장은 고개를 갸웃거렸다. 한 판의 바둑을 주변사람의 도움 없이 두고 나서 계가까지 할 수 있을지 의문이었다.

원장은 입문자들이 3개월 동안 24시간을 수업하고 날 경우 무엇을 할 수 있는지에 관하여 좀 더 자세하게 정리해 보기로 했다. 그래서 노트에 입문과정 수료자들이 할 수 있는 능력을 적어 보았다. 다 적고 난 원장은 흐뭇한 기분이 들었다.

"우리 학원에서는 과정을 마치고 나면 이런 능력을 확실하게 길러줘야겠다. 그리고 초급과정, 중급과정도 마치고 날 경우 무엇을 할 수 있을지 명확하게 기술해야겠다."

이렇게 과정의 목표를 분명하게 해 놓는다면 수업을 하는 데 많은 도움이 될 것이라는 생각이 들었다.

2) 교수목표 기술 방법

바둑교육에 관한 계획을 세울 때 효과적인 수업을 위하여 그 과목의 교수목표는 물론 각 단원의 교수목표를 기술하는 것이 좋다. 이때 목표를 기술하는 방법을 알아보기로 한다.

교수목표는 그 수업이 끝났을 때 학습자가 무엇을 할 수 있는가를 기술하는 식으로 한다. 학습이란 흔히 '경험에 의한 행동이나 지식의 비교적 영속적인 변화'라고 정의된다. 이 정의처럼 학생이 수업을 받고 나면 어떤 변화가 생길 것이다. 그 변화된 내용을 간략하게 기술하면 된다.

예를 들어, 장문을 몰랐던 학생이 이번 수업시간에 장문에 관해 배웠다고 하자. 제대로 배운 학생이라면 이제 장문이란 상대편 돌을 포위하는 식으로 두어 잡는 것이라는 것을 알게 될 것이다. 수업에 참여하지 않은 학생은 장문이 무엇인지 모르지만, 수업을 받은 학생은 장문을 아는 변화가 일어난 셈이다. 이처럼 변화된 상태를 교수목표로 기술한다.

그런데 교육방법을 연구하는 학자들은 가능하면 교수목표는 학습자가 배운 것을 행동적으로 보여주는 방식으로 기술하라고 권고한다. 흔히 교수목표를 쓰라고 하면 '장문의 이해'와 같이 진술하는 사람이 많은데, 이렇게 교수목표를 기술하면 장문이란 말의 뜻을 알았다는 것인지, 장문 수법을 구사할 수 있다는 것인지 애매하다. 따라서 장문을 확실히 배웠다는 것을 구체적으로 보여주는 내용을 적으라는 것이다.

〈표 1-1〉 교수목표 진술 방법

교수목표 진술	적절성
장문의 이해	×
장문 배우기	×
장문으로 잡을 수 있는 돌이 있으면 장문치는 수를 두어 잡을 수 있다.	○

<표 1-1>을 보면 세 가지 진술이 나와 있다. 이 중에서 '장문의 이해'나 '장문 배우기'와 같이 정하는 것은 바람직하지 않다. 장문을 배워서 무엇을 할 수 있는지를 쓰는 것이 좋다. 그런 의미에서 교수목표를 맨 아래와 같이 행동적인 교수목표로 기술하는 것이 좋다. 즉 "장문으로 잡을 수 있는 돌이 있다면 그것을 장문으로 잡을 수 있다."와 같이 진술한다. 다소 문장이 길기 때문에 번거롭게 느껴질 수 있으나 이렇게 진술하면 장문을 완전히 이해했다고 할 수 있을 것이다.

교수목표를 이렇게 구체적으로 진술하면 수업의 방향을 명확하게 이끌 수 있고, 나중에 수업의 성과를 평가하기도 편리하다. 학생들이 수업을 통하여 의도한 교육목적을 달성했는지를 평가할 때 교수목표에 기술된 내용을 측정하면 되기 때문이다. 만일 교수목표를 '장문의 이해'라고 한다면 학습자의 성취도를 평가할 때 "장문이란 상대방 돌을 포위해서 잡는 기술이다."와 같은 문장으로 측정할 수도 있을 것이다. 그런데 이렇게 개념적으로는 이해를 했으면서도 실제적인 모양이 나왔을 때 장문을 제대로 하지 못한다면, 과연 장문을 이해했다고 할 수 있을까? 그러나 행동적인 진술로 작성한 위의 교수목표를 달성했다면 그 학습자는 장문을 확실히 이해했다고 할 수 있을 것이다.

교수목표에는 상황, 성취행동, 준거(기준)의 세 가지를 포함시키는 것이 좋다. 즉 어떤 상황에서 어떤 행동을 어느 정도 달성해야 하는가를 기술하는 것이다. 다음 그림과 같은 학습을 예로 든다면 다음과 같이 진술하라는 것이다.

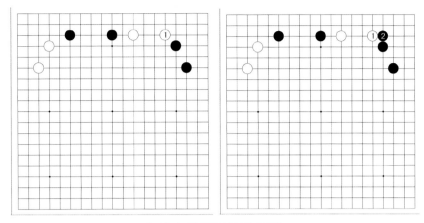

[그림 1-2] 턱밑 접근의 응수법

[그림 1-2]와 같이 턱밑으로 다가서는 수의 응수법에 관한 교수목표를 진술한다고 하자. 이 경우 행동적인 목표 진술을 하면 다음과 같이 쓸 수 있다.

상대방이 자기 돌의 턱밑으로 다가선다면(상황), 바로 막아 응수하는 수를 둘 수 있다(행동).

이 목표 진술에는 상황과 성취행동이 들어가 있다. 이렇게 진술을 해도 되지만, 좀 더 정교하게 쓴다면 '준거'를 넣도록 한다.

상대방이 자기 돌의 턱밑으로 다가선다면(상황), 정확하게(준거) 바로 막아 응수하는 수를 둘 수 있다(행동).

이 목표 진술에는 '정확하게'라는 표현이 들어가 있는데, 이것은 성취행동을 어느 정도 달성할 것인가에 관한 것이다. 턱밑 다가서기의 모양이 다섯 가지가 제시된다고 할 때 만일 세 번을 바로 막고, 두 번은 달리 둔다고 하면 이 학습자가 목표를 달성한 것으로 볼 수 있을까? 이 경우 100% 정확하게 막는 수를 두어야 목표를 달성한 것이라고 본다면 '정확하게'라는 기준이 있어야 할 것이다.

교수목표를 이와 같이 구체적으로 진술하는 것이 좋은데, 실제로는 이렇게 진술하지 않는 사람이 많다. 심지어는 교수목표를 정하지 않고 단원의 내용만 정하여 교수활동을 한다. 교수목표를 이처럼 구체적으로 진술하기가 어렵다면 적어도 한 점 장문치기의 이해, 실리선과 세력선의 구별 등과 같이 단순하게라도 진술을 할 필요가 있다. 전혀 목표가 없이 가르치는 것보다는 이렇게라도 교수목표를 세워서 교육을 하는 편이 낫다. 하지만 이런 식으로 진술하더라도 행동적으로 학습된 결과를 보여줄 수 있는 방향으로 목표를 잡아야 한다는 것을 이해할 필요가 있다.

🍎 **읽어보기**

목표의 중요성

사람들은 크고 작은 다양한 목표를 갖고 살아간다. 그 목표를 향해 에너지와 시간과 돈을 투입한다. 기업이나 정부기관 등 조직도 목표를 갖고 있으며, 조직의 구성원들은 그 목표를 향해 자신의 능력을 쏟아 부어 기여한다.

인생을 살아가는 데 있어서도 목표를 분명하게 세우는 것이 중요함은 말할 필요가 없다. 당신은 인생의 목표가 분명하게 세워져 있는가?

인생의 목표를 가지고 사는 사람이 수익을 훨씬 더 많이 올린다는 사례가 있다. 미국에서 대학생들을 상대로 삶의 목표를 갖고 있는가를 조사해 보았다. 삶의 분명한 목표를 가진 대학생은 5%였다고 한다.

이 학생들이 졸업한 후 15년이 지났을 때 조사해 보았다. 그랬더니 목표가 있었던 5%의 학생들이 가진 자산의 총액이 목표가 없었던 95%의 학생들의 3배에 달했다고 한다.

이 이야기는 목표가 중요함을 잘 보여준다. 목표가 분명하다면 시간과 에너지를 그 목표에 집중할 수 있고 그 결과로 훨씬 더 많은 성취를 이룰 수 있을 것이다.

예를 들어 바둑학을 전공하는 학생이 미래에 "뛰어난 바둑교육 전문가가 되어 체계적인 바둑교육의 발전에 이바지하겠다."는 목표를 세웠다고 하자. 뚜렷한 목표가 없는 학생에 비하여 이 학생은 목표가 있기 때문에 노력과 관심을 바둑교육 분야에 집중할 수 있을 것이다. 바둑교육을 효과적으로 하기 위하여 무엇을 배워야 할까, 현재의 바둑교육은 어떤 문제점을 갖고 있는가 등 바둑교육에 관하여 공부도 하고 현장을 찾아가 탐구하기도 할 것이다.

이런 노력을 상당 기간 하게 되면 어느새 바둑교육의 유능한 실력자가 되어 있을 것이고, 이 분야에서 단연 두각을 나타낼 것이다. 목표가 없었던 학생과는 비교할 수 없는 성취를 할 수 있을 것이다.

 학습활동

▌ 활동 1 ▌ 교수목표에 관한 토론하기   ACTIVITY

　효과적인 교육을 위해서는 교수목표를 분명하게 설정할 필요가 있다, 바둑교육에서 교수목표를 구체적으로 정하는 것이 얼마나 중요한지에 대해서 토론해 보기로 하자,

▌ 활동 2 ▌ 바둑 교수목표 진술하기   ACTIVITY

　바둑교육의 내용 중에서 주제를 정하여 교수목표를 세우고 그 내용을 기술해 보기로 하자, 교수목표를 진술할 때는 학습이 되었음을 보여주는 구체적인 내용을 쓰는 것이 바람직하다,

3. 학습내용 선정과 구성

▌학습목표	1. 바둑학습의 주요한 내용을 열거할 수 있다. 2. 단계별 바둑학습의 주요내용을 제시할 수 있다. 3. 학습자의 수준에 맞게 학습내용을 선정할 수 있다.

학습내용

이 장에서는 바둑을 가르칠 때 어떤 내용을 선정하여 가르쳐야 할 것인가를 다룬다. 바둑은 지식과 기술이 매우 폭넓은 것으로 알려져 있고, 그 때문에 학습내용을 선정하는 일이 만만치 않다. 어떤 기준에 의해 어떤 내용을 선정하는 것이 좋은지를 알아보기로 한다.

1) 바둑학습의 내용

바둑을 배우는 학습자들이 배워야 할 내용에는 어떤 것들이 있는가? 얼핏 생각하면 바둑의 학습내용은 단순해 뵌다. 초보자에게는 바둑규칙을 가르쳐주고 나서 축, 장문 등의 기본적인 수법을 가르쳐주면 될 것으로 생각된다. 입문 단계가 지난 학습자에게는 포석, 정석, 중반전, 사활, 끝내기 등에 관한 기술을 가르치면 될 것으로 생각된다.

그러나 구체적으로 각 단계에서 배워야 할 내용을 정리하려고 하면 이 일은 결코 쉽지 않다. 입문자라고 해도 실전대국을 할 때 포석, 끝내기 등의 기법을 사용해야 하는데, 이런 것을 입문 단계의 교육과정에 포함시켜야 할지 판단하기가 쉽지 않기 때문이다. 또한 초급, 중급, 고급의 단계라고 해도 포석이나 사활 등의 기술지식 중 어떤 것을 가르쳐야 할지 그 내용을 선정하기가 쉽지 않다. 바둑규칙은 입문 단계에서 배우는 것이지만, 실력이 어느 정도 는 다음에 배워야 할 귀곡사, 가일수, 장생 등과 같은 규칙도 있다. 이런 규칙을 어느 단계에서 가르쳐야 할지도 생각해 보아야 한다.

이 외에도 바둑의 학습내용에 포함시켜야 할지 생각을 요하는 것들이 적지 않다. 바둑의 예절, 역사, 제도, 교훈 같은 내용도 가르쳐야 하는가? 지능발달이나 인성발달과 같은 교육적 효과를 기대하고 바둑을 배우는 아동 학습자에게는 이런 요소를 가르쳐줄 수 있는 내용을 넣어야 하는가?

이렇게 보면 바둑의 학습내용은 상당히 다양하고 각 단계에 맞는 내용을 선정하는 것이 쉽지 않다는 것을 알 수 있다.

2) 단계별 바둑학습 내용

바둑의 학습단계는 일반적으로 입문, 초급, 중급, 고급과 같이 구분한다. 고급을 넘어서면 유단급의 더 높은 단계가 있지만, 바둑을 배우려는 일반 학습자들은 입문에서 고급까지의 4개 단계를 밟으면 바둑을 즐기는 데 충분하다고 할 수 있다.

바둑의 학습내용은 흔히 포석, 정석, 사활, 전투, 끝내기 등의 영역으로 구분되어 있다. 이것은 한 판의 바둑을 초반, 중반, 종반의 세 단계로 나누어 각 단계별로 필요한 지식과 기술을 분류한 것이다. 다만 입문 단계에서는 바둑이 무엇인지를 모르는 초보자를 대상으로 하기 때문에 바둑에 관한 소개, 바둑 규칙을 다루고 있다. 이와 같은 일반적인 분류에 따른 입문 단계의 학습내용을 정리해 보면 <표 1-2>와 같다.

〈표 1-2〉 입문 단계의 학습내용

내용영역	세부내용
바둑소개	바둑의 정의, 도구, 경기방법(교대착수, 맞바둑과 접바둑, 계가법)
바둑규칙	단수와 따냄, 이음과 끊음, 착수금지, 사활, 패, 영토
기본수법	돌을 잡는 법(축, 장문, 환격 등), 사활, 수상전 등
기초이론	일국의 과정(초반, 중반, 종반), 바둑의 실제
문화상식	바둑의 역사, 기력 구분, 바둑계, 바둑용어 등

이 내용은 입문 단계에서 배워야 할 기본적인 내용인데, 양이 적지 않으므로 커리큘럼을 짤 때 순서별로 잘 구성할 필요가 있다. 바둑교사 중에는 이 중에서 바둑의 정의(定義), 영토의 개념, 일국(一局)의 과정과 같은 부분을 빠뜨리는 사람이 있고, 포석이나 정석, 행마 등을 가르치는 사람도 있다. 이것은 바둑학습을 어렵게 하는 중요한 원인이 될 수 있다.

바둑의 정의는 '바둑이 영토(집)를 차지하는 게임이며, 사활이라는 규칙이 있어 생사를 건 전투가 벌어진다'는 점에 관한 것으로서 입문자들은 이것을 토대로 바둑의 지식과 기술을 확장해 나가는 중요한 토대가 된다. 대부분의 초보자들은 바둑을 둘 때 무엇을 해야 할지에 곤혹스러워한다. 다시 말해서 영토를 만드는 수를 두어야 할지, 아니면 상대편 돌을 잡으려고 해야 할지를 잘 모르는 것이다. 바둑이 무엇인지 이해시키지 않고 돌을 포위하여 따내는 기술 위주로 가르치게 되면 학습자들은 바둑을 따먹기 게임으로 인식하여 '영토'의 관념을 잊어버리게 된다.

초보자에게 포석의 지식을 많이 가르치거나 정석을 암기하도록 하는 것도 결코 좋은 방법이 아니다. 포석의 지식은 실리선과 세력선, 굳힘과 걸침, 협공, 큰 곳 등 비교적 추상적인 내용이 많아 입문자들에게는 어렵고 지루하게 느껴질 수 있다. 또한 정석을 암기하도록 하는 것은 수준에 맞지 않는다. 바둑에 관한 지식이 극히 적은 초보자에게 수준을 넘어선 내용을 가르치면 자신감과 흥미를 잃게 하여 바둑학습을 포기하게 한다는 것을 기억할 필요가 있다.

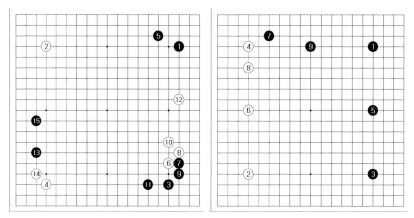

[그림 1-3] 입문 단계의 포석 교육

예를 들어 [그림 1-3]에서 왼쪽처럼 진행되는 포석을 보여주며 소목에서 흑5의 굳힘, 백6의 걸침과 같은 수를 가르친다고 하자. 초보자에게 이런 내용을 가르치게 되면 잘 이해를 하지 못할 것이다. 더구나 흑7에서 백12까지의 정석을 가르쳐주며 암기하라고 한다면 바둑학습을 어렵게 생각할 것이다. 굳이 정석이 무엇인지를 가르치려고 한다면 좌하귀 흑13에서 15까지 되는 간명한 형태를 통하여 다가서기와 응수, 그리고 벌림과 같은 내용을 쉽게 설명해 주는 것이 좋을 것이다. 입문 단계에서는 오른쪽 모양처럼 처음에 귀와 변의 큰 곳을 차지해 영토의 기초모양을 만든다는 것을 가르쳐주는 것으로 족하다.

입문 과정을 마치고 초급 단계로 올라서면 초반, 중반, 종반에 관한 기술과 지식을 다루게 된다. 세부적으로 보면 포석, 정석, 행마, 사활, 전투, 끝내기 등을 가르친다. 그런데 많은 바둑교사들은 전투와 끝내기를 잘 다루지 않는 경향이 있다. 한 판의 바둑에서 가장 중요한 부분인 중반전을 생략해 버리고 마무리 단계인 끝내기도 잘 가르치지 않는 것이다.

그 이유는 중반전이 포석이나 정석처럼 명확하게 정리되어 있지 않아 바둑교사들도 무엇을 가르쳐야 할지 잘 모른다는 점, 끝내기는 계산적인 내용이 들어 있어 재미가 없을 것으로 보는 점 때문이다. 그러나 이런 식으로 중요한 내용을 빠뜨린다면 바둑교육이 제대로 이루어질 수 없을 것은 말할 필요가 없다.

초급, 중급, 고급의 학습내용에서 바둑교사들이 알아두어야 할 점이 또 하나 있다. 바둑의 규칙이나 정의는 초보자 때 배우는 것이지만, 초급이나 중급 단계에서도 배울 필요가 있다는 점이다. 바둑규칙 중 귀곡사, 가일수(加一手) 등 좀 더 고급스런 규칙을 배워야 한다. 또한 바둑이 어떤 성격의 경기인가에 대해서도 깊이 있는 이해를 해야 한다. 바둑은 영토를 차지하는 게임이라고 알고 있지만, 많은 사람들은 '돌들의 싸움'인 것처럼 생각하며 두는 경향이 있다. 영토와 전투에 관하여 중급자는 물론 고급자에게도 설명이 필요하다고 할 수 있다.

초급에서 고급의 학습자들이 배워야 할 내용은 <표 1-3>과 같다.

<표 1-3> 초급 및 고급 과정의 학습내용

영역	세부내용
기초지식	바둑경기의 특징, 바둑의 규칙
포석	초반에 돌을 배치하여 영토의 기초를 만드는 것
정석	귀나 변에서 벌어지는 모범적인 접전의 수순
행마	기존의 착점에서 상황에 맞게 움직이는 기술
중반전	침입, 공격, 타개, 포획 등 본격적인 중반의 전투
사활	돌의 삶과 죽음에 관한 지식과 처리방법
끝내기	중반전이 끝난 후 영토의 경계선을 마무리하는 작업
수읽기	주어진 상황에서 수의 변화를 추리하는 기술

대부분의 학습내용은 포석, 정석, 중반전, 사활 등과 같은 분야별 기술에 관한 내용이다. 이 표에 나온 기술영역 외에 맥(脈), 계산법 같은 기술이 있는데 맥은 사활이나 끝내기에 포함되며, 계산법은 끝내기 영역에서 다루게 된다. 행마(行馬)는 한국에서만 독특하게 사용하고 있는 용어로서 중국이나 일본에서는 사용하지 않는 기술용어이다.

수읽기는 바둑에서 적절한 수를 찾아내는 중요한 기술이다. 바둑수를 찾아내는 방법적인 기술이라고 할 수 있는데, 그동안 바둑 분야에서는 수읽기에 관한 이론적 연구가 제대로 이루어지지 않았다. 수읽기는 다음과 같은 6개 단계로 이루어진다.

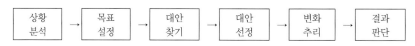

[그림 1-4] 수읽기의 과정

맨 처음에 주어진 바둑판의 상황을 분석하여 전략적 목표를 정하고, 그 다음에는 그 목표를 실현할 수 있는 대안을 찾는다. 그 대안들 중에서 가능성이 높은 수를 골라 변화를 추리한다. 추리된 변화의 결과를 비교하여 가장 적절한 수를 고르게 된다.

수읽기의 교육에 있어서는 이와 같은 수읽기의 단계에 맞춰 학습자들이 수행해야 할 활동을 안내하는 식으로 지도를 하면 된다. 실제적인 모양을 통하여 수읽기 수업을 살펴보기로 하자.

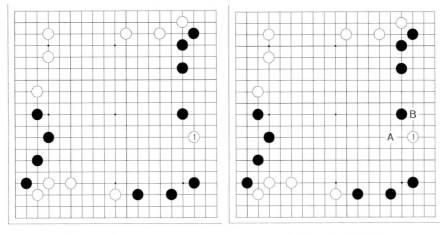

[그림 1-5] 상황 분석　　　　　　　　[그림 1-6] 대안 탐색

[그림 1-5] 이런 모양으로 된 바둑에서 백1에 두어 왔다고 할 때 수읽기 수업을 하는 방법을 알아본다. 맨 처음에는 '상황 분석'을 해야 한다. 주어진 바둑판의 상황을 살펴 어떤 사태가 벌어지고 있는지를 파악하도록 한다. 이 경우 학습자에게 어떤 상황인지 말로 표현해 보도록 한다. 그러면 학습자는 "백이 (흑진에) 뛰어든 상황"이라고 답을 할 것이다.

이렇게 상황을 파악하고 나면 이번에는 자신이 취해야 할 전략적 목표를 세우도록 한다. 바둑은 영토전쟁의 경기이니 침입한 적군에 대해서는 공격을 하는 것이 목표임을 학습자 스스로 찾아내도록 한다.

[그림 1-6] 목표가 설정되었으면 그 목표를 달성할 수 있는 가능성이 있는 수를 찾아내도록 한다. 이 경우 학습자가 가진 바둑 지식에 따라 가능성 있는 수를 추정하고 선정하는 활동이 영향을 받게 된다. 학습자가 초급이나 중급 수준이라고 보면 흑의 가능한 공격수단으로 A와 B의 두 가지를 대상으로 삼을 수 있다. 이 두 수 중 어느 것이 적절한지를 생각해 보게 한 후 변화를 추리해 보도록 한다. 초급자에겐 이 추리가 쉽지 않겠지만 그래도 수읽기하는 훈련을 하도록 하면 도움이 될 것이다.

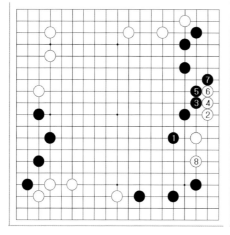
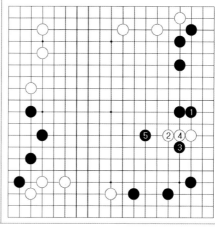

[그림 1-7] 봉쇄하는 수의 변화　　　　[그림 1-8] 수비하는 수의 변화

[그림 1-7] 흑1로 봉쇄해 공격하는 수의 변화를 추리해 본다. "흑1에 두면 백은 어디에 둘까?" 하는 식으로 추리를 하도록 한다. 이어서 "백2에 두면 흑은 어디에 둘까?"와 같이 한 수씩 추리를 하도록 유도한다. 백8까지의 변화는 학습자의 기력에 따라 교사가 안내를 하도록 한다.

[그림 1-8] 이번에는 흑1로 지키며 공격하는 수를 추리하도록 한다. "흑1에 두면 백은 어떻게 할까?"라고 물으면 초급자는 백2로 뛰어 달아나는 수를 생각해 낼 것이다. 이 수로는 귀에 붙이는 수 등 다른 수가 있지만, 학습자의 기력이 낮다면 백2의 평이한 수를 검토하도록 한다. 흑3에 들여다보고 5로 씌우는 정도까지만 추리를 하면 될 것이다.

이렇게 추리를 하고 나면 두 개의 예상도를 놓고 비교를 하도록 한다. 어느 그림이 더 좋은지를 판단하게 하는 것이다. 이 과정에서 학습자는 새로운 지식도 습득하게 된다. 그림 7과 같은 모양은 실속이 없다는 것, 그림 8의 흑3으로 들여다보아 무겁게 만드는 것이 좋다는 것 등을 배울 수 있다.

바둑의 학습내용 중에서 수읽기의 방법을 구체적으로 가르쳐주지 않고 있어 그 방법을 설명했는데, 이런 내용도 학습내용에 포함시켜 다룰 필요가 있다. 수읽기의 방법에 관한 지도는 학습자의 기력 향상에 도움이 됨은 물론 일상적인 문제해결 능력을 길러주는 역할도 한다.

포석은 언제 가르치지?

입문 단계의 학습자를 가르칠 때 바둑지도사들이 곤혹스러워 하는 문제가 있다. 포석에 관한 내용을 언제 가르치느냐는 것이다.

초보자들은 바둑규칙, 기본기술을 배우기에 바빠 포석이나 정석 같은 것을 배울 겨를이 없다. 무엇보다도 이런 내용을 많이 가르치면 학습자가 이해하기 어려울 것이다. 바둑이 어렵다고 느끼면 학습자들은 중도에 탈락하기 쉽다.

그런데 문제는 초보자라고 해도 빠른 시일 내에 실전대국을 한다는 점이다. 실전대국을 하면 처음에 어디에서 시작하고, 어떤 방법으로 두어야 할지와 같은 포석 기술을 사용하지 않으면 안 된다. 검도나 골프 등 다른 스포츠에서는 일정 기간 수련을 한 뒤 실제경기를 하게 되는데, 바둑은 배우고 난 뒤 얼마 안 되어 실제경기를 하도록 하기 때문에 이런 문제가 발생한다.

이때 교사들은 부득이 커리큘럼에는 없는 포석 지식을 가르치게 된다. 처음에 귀에서 시작한다는 것, 띄엄띄엄 돌을 놓아 영토의 기초를 만든다는 것, 제3선과 제4선을 위주로 둔다는 것 등을 가르쳐준다.

실전대국을 주요 교육방법으로 사용하는 상황에서는 이처럼 포석에 관한 지식을 일찍 가르쳐주는 것이 좋을 것이다. 종국 장면에서 계가를 하는 방법도 이른 시기에 가르쳐 줄 필요가 있다. 이것은 마치 언어를 가르칠 때 문법과 어휘를 배워 나가면서 실제로 대화를 하는 회화를 가르치는 것과 같다.

이 경우 주의할 점이 있다. 입문자들은 바둑에 관한 사전지식이 부족하기 때문에 추상적이고 난해한 내용을 가르치면 이해하는 데 어려움을 느낀다는 점이다. 화점은 3삼이 약점이고, 세력적인 수라는 등의 내용을 가르치면 입문자는 잘 이해가 안 갈 것이다. 또한 실리선과 세력선 등 추상적인 개념을 빨리 가르치면 바둑을 어려운 것으로 생각하기 쉽다.

바람직한 방법은 한 판의 바둑이 크게 포석, 중반전, 끝내기의 3단계로 이루어진다는 것을 이해시킨 후 포석의 가장 기본적인 내용만을 알려주는 것이다. 학습자가 이러한 기본적인 지식을 습득하고 난 후 서서히 그보다 조금 더 높은 수준의 지식을 가르치도록 한다.

3) 바둑학습 내용의 조직

바둑의 학습내용이 선정되었으면 그것을 단원별로 조직하는 작업을 해야 한다. 학습자가 배워야 할 내용을 한 꾸러미로 뽑아냈다고 할 때 이제는 그 꾸러미에 든 내용을 펼쳐서 단원별로 배분을 해야 하는 것이다.

학습내용을 어떤 식으로 조직할 것인가는 그리 쉬운 일이 아니다. 내용을 적당히 늘어 놓아서는 안 되며, 학습자들이 인지적으로 무리가 없이 이해할 수 있도록 구성을 해야 하기 때문이다. 다시 말해서 앞의 내용을 배우고 나서 그 지식을 바탕으로 뒤의 내용을 배워 나갈 수 있도록 배열을 해야 한다.

예를 들어 바둑입문 과정을 조직한다고 하자. <표 1-4>와 같이 학습내용을 뽑았다고 할 때 어떤 식으로 조직하는 것이 바람직할까?

〈표 1-4〉 입문과정 학습내용

	내용 분류	주요 내용
1	바둑을 두는 법	경기자는 두 사람, 흑돌과 백돌, 교대로 착수
2	바둑의 도구	바둑판의 종류, 바둑판 위치 명칭, 바둑돌 종류
3	바둑의 규칙	이음과 끊음, 따냄, 착수금지, 사활, 패
4	계가하는 법	종국의 개념, 공배 메움, 사석 처리, 집계산
5	잡는 방법	변으로 몰기, 양단수, 축, 장문, 환격, 촉촉수
6	잇는 방법	꽉이음, 호구이음, 마늘모이음, 쌍립, 건넘
7	삶과 죽음	옥집, 궁도, 궁도 넓히기, 급소 두기, 치중, 빅
8	패싸움	패의 규칙, 패의 특징, 팻감
9	수상전	수상전의 개념, 특징, 요령
10	바둑의 이해	영토게임, 수읽기 경기, 바둑의 명칭과 별칭
11	한 판의 과정	초반 포석, 중반전, 종반 끝내기
12	맞바둑과 접바둑	접바둑 규칙, 치석 놓는 법
13	바둑의 예절	인사하기, 조용히 착수, 잡담 금지, 훈수 금지
14	바둑의 역사	고대, 중세, 근세, 현대의 바둑 역사
15	기력의 구분	18급에서 1급, 1단에서 7단, 프로1단에서 9단
16	바둑 용어	대국, 바둑수, 공격, 침입, 바꿔치기, 먹여치기
17	바둑의 실제	초반에서 종반까지 실제의 경기

　이 내용을 특별한 기준이 없이 배열을 하면 안 된다는 것을 직관적으로 알 수 있다. 예를 들어 돌을 잡는 방법을 바둑규칙 전에 넣는다거나 삶과 죽음의 기술을 규칙 이전에 넣는다든지 하면 학습자는 인지적으로 상당한 부담을 느낄 것이다. 바둑에 관한 지식이 거의 없는 초보자가 맨 처음에 어떤 내용을 알아야 할 것인지, 그 다음에는 어떤 내용을 배우면 좋을지를 생각하여 조직하여야 한다.

〈표 1-5〉 입문과정 학습내용 조직

	구분	내용 분류	주요 내용
1	소개	바둑의 도구	바둑판의 종류, 바둑판 위치 명칭, 바둑돌 종류
2		바둑을 두는 법	경기자는 두 사람, 흑돌과 백돌, 교대로 착수
3		바둑의 이해	영토게임, 수읽기 경기, 바둑의 명칭과 별칭
4		바둑의 역사	고대, 중세, 근세, 현대의 바둑 역사
5	규칙	바둑의 규칙	이음과 끊음, 따냄, 착수금지, 사활, 패
6		맞바둑과 접바둑	접바둑 규칙, 치석 놓는 법
7	실제	바둑의 실제	초반에서 종반까지 실제의 경기
8		계가하는 법	종국의 개념, 공배 메움, 사석 처리, 집계산
9		바둑의 예절	인사하기, 조용히 착수, 잡담 금지, 훈수 금지
10	기본 기술	잡는 방법	변으로 몰기, 양단수, 축, 장문, 환격, 촉촉수

11	기본 기술	잇는 방법	꽉이음, 호구이음, 마늘모이음, 쌍립, 건넘
12		삶과 죽음	옥집, 궁도, 궁도 넓히기, 급소 두기, 치중, 빅
13		패싸움	패의 규칙, 패의 특징, 팻감
14		수상전	수상전의 개념, 특징, 요령
15	실전	한 판의 과정	초반 포석, 중반전, 종반 끝내기
16		기력의 구분	18급에서 1급, 1단에서 7단, 프로1단에서 9단
17	기타	바둑 용어	대국, 바둑수, 공격, 침입, 바꿔치기, 먹여치기

이러한 순서에 따라 입문과정의 학습내용을 조직한다면 [표 1-5]과 같이 할 수 있다. 이것을 몇 개의 영역으로 구분하면 바둑의 소개, 규칙, 실제, 기본기술, 실전, 기타에 해당한다. 맨 처음에 바둑이 어떤 것인지를 소개하고, 기본적인 규칙을 익히고, 실제로 어떻게 두어지는가를 보여주고, 기본기술을 익힌 뒤 실전의 요령을 배우는 순서로 되어 있다.

이 과정은 일반적인 바둑입문 교본에서 다루고 있는 내용을 중심으로 구성한 것인데, 교사에 따라서는 약간 다르게 구성할 수도 있을 것이다. 중요한 점은 학습자가 기존의 지식을 바탕으로 새로운 지식을 자연스럽게 포섭할 수 있도록 내용을 조직하는 것이다. 학습자가 새로운 지식을 배우면서 자신의 머릿속에 있는 기존의 지식과 융합시키며 지식의 창고를 살찌우도록 하는 것이다.

기력은 어떠한 능력인가?

바둑실력을 뜻하는 기력(棋力)은 많은 사람들이 관심을 갖는 말이다. 아마추어 바둑 팬들은 자신의 기력을 높이고 싶어 하며, 바둑지도사들이나 바둑도장의 사범들은 자신이 가르치는 학생들의 기력을 높여주려고 고심을 한다. 실기 전문가인 프로기사들은 뛰어난 기술력을 지니고 있음에도 더 나은 실력을 구사하기 위해 기력을 향상시키려는 노력을 한다.

이처럼 많은 사람들이 관심을 갖는 '기력'이란 어떤 능력을 말하는가? 기력을 늘리려고 한다면 기력이 어떤 것으로 이루어져 있는지를 알 필요가 있을 것이다.

그러나 기력이 무엇인지를 물어보면 분명하게 답을 하는 사람이 거의 없다. 바둑지도사는 물론 프로기사들도 기력이 어떤 능력으로 이루어져 있는지에 관해 잘 모르고 있다.

기력이 강한 전문가들이 기력이 어떤 능력인지를 모른다는 것이 아이러니컬한데, 그 이유는 대부분의 바둑기술 연구가 바둑판 위에서의 수의 변화를 탐구하는 데 치중했기 때문이다. 바둑수를 찾아내는 방법과 같은 인지적인 측면의 탐구를 하지 않았던 것이다.

그렇지만 기력을 암시하는 전투력, 계산력, 수읽기 능력, 지구력 등과 같은 단어들은 있다. 이런 능력들이 정확히 무엇을 가리키는지는 설명되지 않았지만 바둑을 두려면 이와 같은 능력이 필요함을 보여주고 있다.

만일 기력이 이러한 능력으로 구성이 되어 있다면, 바둑교육의 학습내용도 이 능력에 따라 분류해 볼 수 있다. 그렇게 구성하는 것이 기력을 늘려주는 데 더 효과적일 것이다.

또한 기력을 '주어진 장면에서 적절한 수를 찾아내는 능력'으로 본다면, 앞에서 살펴본 수읽기 단계 모형에서 각 단계별로 필요한 능력에 따라 구분해 볼 수도 있다. 상황분석, 목표설정, 대안탐색, 변화추리 등 수를 찾아내는 방법에 따라 커리큘럼을 구성하는 것이다.

기력에 관해서는 학문적으로 더 많은 연구가 쌓여 바둑교육이나 실전대국 등에서 좀 더 타당한 기준이 세워질 필요가 있다. 이 분야를 연구하는 전문가들이 출현할 필요가 있는 것이다.

 **학습활동**

▌활동 1 ▌ 바둑학습 내용 고르기	ACTIVITY

　초보자를 대상으로 바둑교육을 실시하려고 할 때 어떤 내용을 가르쳐야 할 것인지 제목을 뽑아보기로 하자. 내용을 모두 뽑은 다음 입문 단계에 맞지 않는 내용은 구분하도록 한다.

▌활동 2 ▌ 바둑학습 내용 조직하기	ACTIVITY

　앞에서 뽑은 바둑학습 내용으로 주어진 기간에 맞게 학습내용을 조직해 보기로 하자. 주 1회 12차시로 할 경우와 주 2회 24차시로 할 경우로 구분하여 학습내용을 조직해 본다.

4. 바둑학습자의 이해

▌학습목표	1. 학습자 진단의 중요성을 설명할 수 있다. 2. 학습과 관련된 학습자의 특성을 제시할 수 있다. 3. 바둑학습자의 사전지식을 파악할 수 있다.

학습내용

교육은 학습자에게 지식이나 기술, 태도 등을 가르쳐 변화시키려는 데 목적이 있다. 따라서 효과적인 교육을 하려면 학습자를 이해하고 그들의 특성에 맞게 교육하는 것이 중요하다. 이 장에서는 바둑학습자의 특성에 관하여 알아보기로 한다.

1) 학습자와 교육

교육에서 '학습자', 즉 배우는 사람은 매우 중요하다. 무엇인가를 가르치는 일은 학습자를 위한 활동이기 때문이다. 교사는 교육활동을 통하여 학습자에게 어떤 변화를 가져오려고 한다. 다시 말해서 학습자의 인지구조, 즉 지식이나 사고에 변화를 가져오려고 하거나, 태도 또는 기능 면에서 변화를 가져오려고 한다.

학습자를 변화시키려고 한다면 무엇보다도 학습자가 어떤 특성을 지니고 있는가를 이해해야 할 것이다. 학습자들은 연령이나 직업 등에 따라 어떤 차이를 보일 수 있는데, 이와 같은 특성을 교사가 알고 있어야 효과적인 교육을 할 수 있을 것이다.

예를 들어 학습자에게 실리선과 세력선에 관해 가르친다고 하자. 제3선은 실리를 차지하기에 유리하고, 제4선은 세력을 만드는 데 유리하다는 것이 가르치는 내용의 핵심이다. 그러나 이 내용을 가르치는 데 있어서는 학습자의 지적 수준이나 기력을 고려해야 한다. 성인 학습자라면 '실리(實利)'나 '세력(勢力)'이라는 말을 어렵지 않게 이해하겠지만, 아동 학습자라면 다소 추상적인 말이어서 이해하기가 쉽지 않을 것이다. 이런 경우 학습자의 능력을 고려하여 쉽게 풀어줄 필요가 있다. 하지만 아동 학습자라도 이미 바둑에서 흔하게 쓰이는 '실리'나 '세력'이라는 개념을 알고 있다면 '실리선'과 '세력선'이라는 새로운 내용을 큰 어려움 없이 이해할 수 있을 것이다. 요점을 말하면, 같은 내용이라도 학습자에 따라 이해하는 정도에 차이가 있을 수 있다는 말이다.

또한 어떤 학습자는 교사의 강의를 듣는 것을 좋아하는 반면, 어떤 학습자는 강의보다는 실제로 대국하거나 문제풀이 하는 것을 더 좋아할 수 있다. 학습자에 따라 공부하는 방식을 좋아하는 정도도 개별적으로 차이가 있는 것이다.

교사가 효과적인 교육이 되게 하려면 이러한 학습자의 특성을 이해하고 그에 맞추어 교육을 진행할 필요가 있다. 학생들이 이해하건 말건, 또는 좋아하건 말건 자기 식대로 가르치는 것은 좋은 교육방법이 아니다.

☙ 읽어보기

학습자가 좋아하는 수업방식

바둑학원에서 성인학습자를 가르치는 A교사는 한 가지 고민거리에 직면했다. 2시간 수업에서 1시간은 강의를 하고, 나머지 1시간은 실전대국을 하는데, 강의를 하는 시간에 조는 학습자가 많다는 점 때문이었다. 처음에는 열심히 듣는 듯하다가 10여 분 지나면 눈을 감고 조는 사람이 적지 않았다.

몇 번 주의를 주어도 이런 상황이 바뀌지는 않았다. 강의시간에 바둑수에 관한 지식을 배워야 하는데, 잠을 자고 있으니 실력 향상은 기대하기 어렵지 않겠는가.

그런데 재미있는 것은 강의할 때 잠을 자던 학습자들이 실전대국을 할 때는 눈을 반짝이며 열중한다는 점이었다. 언제 졸았느냐는 식으로 바둑을 둘 때는 적극적으로 임하는 것이었다.

어떤 학습자는 실전대국보다는 관전을 하겠다고 하였다. A교사는 실전대국 시간이니 일단 대국을 먼저 하라고 했다. 그러나 그 학습자는 다른 두 사람이 두는 바둑을 구경하고 싶다고 했다.

학습자 중에는 수업시간보다 일찍 와서 기보를 놓아보는 사람도 있었고, 사활문제를 풀어보는 사람도 있었다. 자기 바둑을 복기해 주는 것을 좋아하는 사람도 있었고, 복기보다는 새로 한 판 더 두고 싶어 하는 사람도 있었다.

A교사는 학습자마다 좋아하는 공부방식이 있다는 것을 깨달았다. 만일 그렇다면 자신의 계획에 따라 무조건 강의 위주로 1시간 수업을 하는 것이 바람직하지 않다는 생각이 들었다. 가능하다면 학습자들이 좋아하는 방식으로 구성하는 것이 더 효과적이겠다는 결론을 내렸다.

그렇게 판단한 A교사는 강의시간을 30분으로 줄이고, 30분을 문제풀이나 기보감상 및 정석형 연습 등으로 구성하였다. 그런 다음 실전대국에 들어가도록 하고, 관전을 좋아하는 학습자에게는 대국을 구경하면서 궁금한 점이나 배운 점에 대하여 메모를 하여 나중에 같이 얘기를 하도록 하였다.

학습자가 좋아하는 방식으로 이렇게 구성하니 수업시간에 조는 사람이 없어졌다. 강의 시간이 짧아졌고, 각자 자신이 선호하는 수업방식으로 공부를 하니 수업이 지루하지 않기 때문일 것이다.

2) 학습자의 특성

교육에 영향을 미치는 학습자의 특성에는 여러 가지가 있다. 일반적으로 연령, 지적 수준, 사전지식, 동기, 학습양식 등의 요인을 이해할 필요가 있다.

가르칠 때 학습자의 연령을 고려해야 하는 것은 당연하다. 바둑을 배우는 학습자는 어린이, 중고등학생, 대학생, 성인, 노인 등으로 다양한데, 이들은 연령별로 차이를 보이게 된다. 어린이와 대학생, 노인은 사고방식이나 행동이 다르며, 관심사나 흥밋거리도 다를 것이다.

바둑교육에서 연령에 따른 차이는 주로 지적 수준으로 나타난다. 어린이와 성인이 같은 반에서 배운다고 할 때 성인은 쉽게 이해할 수 있는 내용이라도 어린이는 이해하지 못하는 수가 있다. 예를 들어 "정석을 둘 때는 주변의 상황과 조화(調和)를 이루도록 해야 한다"라는 내용을 가르친다고 하자. 대부분의 성인은 이 말의 의미를 이해하는 데 별 어려움이 없을 것이다. 그러나 아동은 '조화를 이룬다'는 말의 의미를 금방 이해하지 못할 것이다.

초등학교 저학년 아동의 경우 구구단을 알고 있느냐, 모르느냐도 지적 수준에 관한 중요한 문제가 된다. 구구단을 모르는 학습자는 계가를 할 때 어려움을 겪게 되기 때문이다. 교사는 이와 같은 학습자의 지적 수준을 파악하고 있어야 한다.

'사전지식'은 학습자가 사전에 알고 있는 지식을 말한다. 입문반에 들어온 학습자의 경우 바둑에 대해 잘 모르는 상태라고 할 수 있지만, 그 중에는 기본적인 규칙 정도는 알고 있는 학습자도 있을 수 있고, 포석이나 정석 등 흔하게 쓰는 바둑용어를 꽤 많이 알고 있는 사람이 있을 수도 있다. 이렇게 사전지식을 갖추고 있는 학습자는 그렇지 않은 학습자에 비해 관련된 내용을 이해하기가 쉬울 것이다. 교사는 학습자가 배우려고 하는 지식과 관련하여 무엇을, 얼마나 알고 있는지를 파악할 필요가 있다.

동기(動機)는 어떤 행동을 하도록 이끄는 힘을 말한다. 바둑교육에 참여하는 학습자들도 어떤 동기에 의해 참여를 한다. 학습에 대한 동기 수준이 높은 학생은 수업을 재미있어하고, 열심히 참석하게 된다. 이에 비하여 동기 수준이 낮은 학생은 수업을 지루해 하기 쉽고, 실력도 잘 늘지 않아 중도에 탈락할 가능성이 높다. 교사가 학습자의 동기에 관하여 알고 있다면 적절한 처방을 내릴 수가 있을 것이다.

학습양식은 공부하는 양식을 말하는 것으로, 학습자에 따라 어떤 방식의 수업을 좋아하느냐를 뜻한다. 바둑학습의 경우 어떤 학습자는 강의를 좋아하는 반면, 어떤 학습자는 실전대국을 하는 것을 좋아한다. 또는 사활문제 풀이하는 것을 좋아하는 사람도 있고, 기보 놓아보는 것을 좋아하는 사람도 있다. 이처럼 학습자가 좋아하는 학습양식을 교사가 알고 있다면 수업을 할 때 도움이 될 것이다.

 **학습활동**

▌ 활동 1 ▌ 학습자의 특성 토론하기 ACTIVITY

바둑학습 과정에 20명 정도의 학습자가 들어왔다고 가정하고, 이들의 특성에 관해 토론해 보자, 연령, 지적 수준, 바둑상식, 좋아하는 학습방식 등에 관해 정리한 후 개인별 또는 팀별로 발표해 보기로 한다,

---

▌ 활동 2 ▌ 기력의 차이 고려하기 ACTIVITY

바둑반에 참여한 학습자들의 기력이 입문, 초급, 중급으로 차이가 난다고 할 때 이들을 어떻게 가르쳐야 할 것인지에 관해 토론해 보기로 하자, 특정한 학습주제를 정하여 그 내용을 가르칠 경우 이들 학습자들에게 어떤 효과를 줄 것인지도 토의해 보자,

5. 바둑교육의 방법

▌학습목표	1. 바둑교육 방법의 개념을 설명할 수 있다.
	2. 일반적인 바둑수업의 과정을 설명할 수 있다.
	3. 바둑교육 방법의 종류를 제시할 수 있다.

학습내용

바둑교육에서는 특별하게 가르치고 배우는 방법이 존재한다. 바둑교육 방법이 무엇을 가리키며, 어떤 방법을 사용하고 있는지를 알아보기로 한다. 구체적인 방법에 대해서는 제2부에서 자세하게 배우기로 한다.

1) 교육방법의 정의

교육방법이란 가르치는 방법을 말한다. 교육방법은 넓게 보면 교수목표를 세우고, 학습자의 특성을 진단하고, 수업계획을 세우고 진행하며, 학습결과를 평가하는 것 등을 모두 포함한다. 그러나 통상적으로는 수업내용을 가르치는 활동, 즉 교수법을 지칭한다. 수업시간에 교사가 강의를 하거나, 토론학습을 시키는 등으로 학생들을 가르치는 활동을 가리키는 것이다. 이 장에서는 좁은 의미의 교육방법, 즉 교수법에 관해 다루기로 한다.

교육방법은 수업의 성패를 좌우하는 중요한 요소이다. 가르치는 방법을 어떻게 하느냐에 따라 학생들의 성취가 크게 달라지게 된다. 예를 들어 교사의 강의가 재미있다면 학생들은 흥미를 갖고 강의내용에 주의를 기울일 것이다. 그러나 재미가 없다고 느낀다면 그 강의를 지루해 하며 딴 생각을 품을 수 있다. 학생들이 흥미를 느낀 수업과 지루하게 생각하는 수업의 성과는 상당한 차이를 보일 것이다.

맹자는 교사가 가르치는 것을 열심히 배우는 것의 중요성을 바둑에 비유하여 설명하고 있다. 혁추(奕秋)라는 바둑고수에게 바둑을 배우는 데 있어 한 사람은 전심을 기울여 공부를 하고, 다른 한 사람은 날아가는 기러기를 잡아서 먹을 생각을 한다면 두 사람의 성취는 같지 않을 것이라고 한다. 극히 당연한 얘기인데, 바둑공부에 빗대어 설명하고 있는 점이 재미있다.

이 일화에서는 교육방법과 관련하여 중요한 점을 언급하고 있다. 즉 학습자가 수업에 주의를 기울이지 않고 딴 생각을 하거나 해서는 성공적인 수업이 될 수 없다는 점이다. 교사는 학생들이 수업에 주의를 집중하여 열심히 배우도록 유도할 필요가 있음을 암시하고 있다.

2) 바둑교육 방법의 종류

교육방법의 종류는 매우 다양하다. 교육은 오랜 옛날부터 행해져 왔기 때문에 동양과 서양에서 사용하던 교육방법들이 있었고, 현대에 와서 교수—학습이론의 발달에 따라 새롭게 개발된 교육방법들도 있다. 예를 들면 강의법, 토론법, 협동학습, 발견탐구학습, 문제중심학습 등과 같은 것들이다.

바둑 분야에서는 이와 같은 일반적인 교수방법과는 약간 다른 방법을 사용해 왔다. 강의법은 다른 분야와 같은 교수방법이다. 그러나 강의법을 제외하면 대부분 바둑 분야에 고유한 교수—학습방법을 사용하고 있다. 사활 문제를 비롯한 문제들을 풀어가면서 학습내용을 숙달시키거나, 정석이나 바둑모양을 암기하기도 하고, 실전대국을 하고 복기를 하며, 명인고수들이 둔 명국을 놓아보는 등의 방법을 쓴다.

바둑에서는 실전대국을 교육방법으로 활용하고 있다는 점이 특별하다. 바둑을 배우는 것은 타인과 실전대국을 하며 여가를 즐기려는 것이니 실전대국은 바둑교육의 목적이 된다. 그러나 실전대국을 하는 것 자체가 훌륭한 교육방법도 된다고 보는 것이다. 영어 수업에 비유해 보자면, 단어나 표현을 익혀서 실제로 현장에서 외국인을 만나 배운 것을 활용해 보는 것과 같다. 이렇게 현장에서 배운 것을 써 먹어 본다면 많은 것을 배울 수 있을 것이다.

바둑에서 실전대국을 교육방법으로 사용하는 것은 학습자의 동기와도 관련이 있다. 아동은 물론 성인 학습자들도 강의보다는 실제로 경기를 하는 실전대국을 좋아하는 경향이 있다. 승부를 겨루는 게임은 재미있기 때문에 바둑학습자들은 수업시간에 대국을 하는 것을 좋아하고, 그래서 교사들은 실전대국을 중요한 교육방법으로 사용하고 있는 것이다.

실전대국 중심의 수업은 교사에게도 부담을 덜어주는 효과가 있다. 장시간 강의를 하는 것보다는 학생들이 실전대국을 하도록 하고 간간히 코칭을 해 주는 편이 가르치기가 훨씬 용이하다. 피아노 교육이나 태권도 교육 등과 비교해 본다면 학습자 스스로가 실전대국을 하는 바둑교육 방법이 얼마나 편한가를 알 수 있을 것이다.

그러나 따지고 보면 실전대국법이 용이한 교육방법은 아니다. 강의나 문제풀이 등에서 배운 지식과 기술을 실전상황에서 적용해 보도록 유도해야 하고, 입문자의 경우 아직 지식이 짧은 상태에서 두어야 하는 부담을 지워줘야 하며, 실전대국을 통하여 구체적인 기술을 배울 수 있게 해야 하기 때문이다. 교사가 학생들에게 실전대국을 하도록 하고 경기가 끝날 때 승부를 가려주는 진행자 역할만 해서는 결코 효과적인 바둑교육이 될 수 없다. 실전대국이 끝나고 중요한 부분이나 내용을 복기해 주는 등의 교수법적인 노력을 기울여야 한다.

문제풀이를 통하여 기술을 자연스럽게 숙달시키고, 기보감상을 통하여 전문가의 훌륭한 수법을 모델링하도록 하는 방법도 병행할 필요가 있다. 이런 방법은 실제적인 지식을 향상시키는 효과적인 방법이므로 강의법, 실전대국법 등과 함께 적절히 사용한다면 바둑교육을 매력적이고 효과적으로 만들 수 있다.

3) 바둑수업의 과정

바둑교육 방법을 알아보기 전에 바둑수업이 어떤 과정을 거쳐 이루어지는가를 먼저 알아보기로 한다. 바둑수업을 1시간, 또는 2시간 한다고 할 때 어떤 순서로 진행해야 하는가?

한 판의 바둑이 초반, 중반, 종반의 세 단계로 구분되듯이, 수업도 <표 1-6>과 같이 크게 세 단계로 나눌 수 있다. 도입 단계는 수업을 시작하는 단계이며 마무리 단계는 수업을 정리하여 끝내는 단계를 말한다. 전개 단계는 본격적으로 수업을 하는 단계이다. 수업을 한다고 해서 처음부터 다짜고짜 본 내용으로 들어가는 것이 아니라 초반 포석을 하듯 준비를 하고 들어간다는 것을 알 수 있다. 또한 수업이 끝날 때 마무리를 하며 정리를 한다는 것을 알 수 있다.

<표 1-6> 수업의 3단계

도입	전개	마무리
- 동기유발 - 학습목표 제시 - 선수학습 확인	- 수업과제 제시 - 수업활동 - 피드백	- 요약 및 정리 - 수업결과 평가 - 파지 및 전이 - 차시 수업 소개

도입 단계에서는 학생들이 주의집중을 하도록 흥미를 유발시키는 활동이 필요하다. 주의집중이 안 되면 새로운 정보가 학습자의 머리에서 처리가 되지 않기 때문이다. 그 수업의 목표를 알려주는 것도 학습자에게 도움이 된다. 배울 내용에 관하여 학생들에게 선수학습을 상기시키는 것도 필요하다. 장문을 배우는 수업이라고 하면 그 전에 배웠던 축과 축머리에 관해 떠올리도록 하는 것이다.

전개 단계는 본격적인 수업이므로 그 수업에 계획된 내용을 적절한 방법을 사용하여 가르치도록 한다. 일반적으로 학생들이 배워야 할 내용을 제시하여 이해시키고 그것을 숙달시키도록 하는 활동을 하게 된다. 이 단계에서 학습자가 수행에 오류를 범할 경우 피드백을 제공하여 올바로 수행하도록 유도해야 한다.

마무리 단계에서는 "오늘 수업이 끝났습니다. 다음 시간에 봐요." 하고 끝내는 것이 아니라 수업을 정리해 주는 활동을 한다. 이때 수업시간에 배운 내용을 요약 정리해 주는 것이 중요하다. 한 번 배웠다고 해서 모두 기억하기란 쉽지 않기 때문이다. 평가를 할 수 있다면 학생들이 배운 내용을 어느 정도 숙지하고 있는지 체크해 보는 것도 좋다. 배운 내용을 머릿속에 파지(보유)하여 실제 장면에서 활용할 수 있는지를 확인한다면 더욱 좋다. 마지막으로 차시 수업에 관한 안내를 하고 수업을 종료한다.

지금까지 일반적인 수업의 과정에 관해 설명했는데, 바둑수업은 어떤 과정을 거쳐 이루어질까? 바둑수업도 기본적으로 이 3단계를 거쳐 진행하는 것이 바람직하다. 특히 도입과 마무리 단계는 그대로 바둑수업에 적용해도 좋을 것이다. 다만 전개 단계는 바둑수업 고유의 방식이 있기 때문에 약간 달라질 수 있다.

전형적으로 바둑공부는 <표 1-7>과 같은 네 개의 부분으로 구성되어 있다. 강의나 독서 등을 통해 지식을 습득하고, 문제풀이나 연습을 통해 기술을 숙달시키고, 실전대국에서 그것을 적용한 후 복기를 통해 피드백, 즉 교정을 받는다.

지식 습득	숙달	적용	교정
- 강의 - 독서	- 문제풀이 - 연습	- 실전대국	- 복기

이 네 가지 단계는 공부법으로는 상당히 이상적이라고 볼 수 있다. 지식을 배운 후 그것을 숙달시키고, 실제상황에 적용해 본 후 잘못 된 것을 바로잡는다면 실력을 늘리는 데 매우 효과적이기 때문이다. 흔히 입문 단계에서는 복기를 생략하는 경우가 많은데, 실전대국에서 나온 특정 장면이나 수순을 강의를 통해 복기해 주는 방식을 쓸 필요가 있다.

읽어보기

바둑 분야의 독특한 교수법

B교사는 바둑을 배우는 학습자들에게 효과적인 교수법을 적용하기 위해 <교육방법 및 교육공학>이라는 책을 읽었다. 그 책에는 교수설계, 교수-학습의 이론, 교수매체 등 평소에 거의 생각해 보지 않은 내용들이 실려 있었다.

그중에서 특히 교수방법에 관한 단원을 열심히 읽어보았다. 그런데 읽고 나서 한 가지 의문이 생겼다. 그 책에 나온 교수법들이 바둑 분야에서 사용하는 교수법과 상당한 차이가 있었기 때문이다. 강의법은 바둑에서도 쓰고 있지만 토론학습이나 협동학습, 문제중심학습 등 바둑교육에서는 사용하지 않는 생소한 방법들이 많았다.

B교사는 이러한 교수법들과 바둑의 교수법을 비교해 보았다. 바둑교육에서는 강의, 문제풀이, 실전대국, 복기가 일반적인 교수-학습 방식이고, 더 넓게 보면 독서, 관전, 기보 감상도 종종 쓰는 학습법이라고 할 수 있다. 또한 프로기사 등 고수들이 자주 쓰는 '공동연구법'도 일종의 학습방법이라고 할 수 있다.

B교사는 바둑에서 쓰는 방법이 강의법을 빼고는 대부분 학습자가 자율적으로 학습을 하는 방법을 쓰고 있다는 점을 깨달았다. 독서, 문제풀이, 실전대국, 관전, 기보감상은 모두 학습자가 스스로 공부를 하는 방식들이다. 복기는 학습자끼리 할 수도 있고, 교사와 학습자가 같이 할 수도 있다.

이처럼 바둑교육이 학습자의 자율학습으로 이루어진다면 교사는 어떤 역할을 해야 할까? 학습자가 학습을 하도록 동기유발을 하고, 피드백을 주는 코치 역할을 해야 한다는 생각이 들었다.

 **학습활동**

┃ 활동 1 ┃ 바둑교육 방법 토론하기

바둑교육을 할 때 사용하는 교육방법에 관해 토론해 보기로 하자. 강의, 문제풀이 및 실습, 실전대국, 기보감상, 복기 등의 교육방법이 학습자에게 어떤 효과를 줄 것인지에 관해 토의해 보기로 한다.

┃ 활동 2 ┃ 실전대국지도법 토론하기

바둑교육에서 실전대국지도법을 어떤 방식으로 하는 것이 좋을지 토론해 보기로 한다. 팀별로 실전대국지도법을 실시해 보고 학습자들이 무엇을 배우는지, 어떤 점을 어려워하는지 등에 관해 조사해 보기로 한다.

6. 바둑지도사의 요건

▌ 학습목표	1. 비둑지도사의 역할을 설명할 수 있다.
	2. 바둑지도사가 갖춰야 할 요건을 열거할 수 있다.
	3. 바둑지도사의 전문성 향상법을 제시할 수 있다.

학습내용

바둑지도사는 바둑교육을 주도하는 중요한 역할을 한다. 바둑지도사가 교육적 처방을 어떻게 하느냐에 따라 바둑교육의 질이 달라지게 된다. 바둑지도사가 바둑교육에서 어떤 역할을 하며, 어떤 능력과 자질을 갖춰야 하는지에 대해서 알아보자.

1) 바둑교육 능력

바둑을 가르치는 일을 전문으로 하는 사람, 즉 바둑교사를 흔히 '바둑지도사(指導士)'라고 한다. 바둑 두는 일을 전문으로 하는 '프로기사'처럼 바둑지도사도 바둑 분야에서 중요한 전문직업인이다. 바둑을 올바로 가르치는 전문가들이 있어야 새로운 바둑인구를 늘리고 바둑계를 유지시킬 수 있을 것이다.

어떤 사람이 바둑을 배우고 싶어 바둑교실이나 방과후 바둑수업, 또는 문화센터 등을 찾았는데, 제대로 가르쳐주지 않는다면 바둑학습을 포기해 버리게 될 것이다. 실제로 바둑교실에서 바둑을 배우던 어린이가 상당 기간 바둑지도를 받았는데도 돌을 단수하여 따내는 기술 정도에 머물러 그만둔 경우가 적지 않다. 또한 방과후 바둑수업에서 바둑실력이 생각만큼 빨리 늘지 않는다는 비판도 받고 있다.

이런 사례로 보면 바둑을 올바로 가르칠 수 있는 유능한 바둑지도사가 필요하다는 것을 알 수 있다.

그렇다면 바둑지도사는 어떤 능력을 지니고 있어야 할까? 흔히 바둑을 잘 두면 가르칠 수 있는 것으로 생각하는 경향이 있다. 그러나 바둑을 두는 능력만으로 바둑을 잘 가르칠 수 있는 것은 아니다. 바둑 능력이 강한 사람이 잘 가르칠 수 있다고 한다면 바둑계 정상에 있는 고수들이 가장 잘 가르친다고 봐야 할 것이다. 하지만 바둑을 잘 두는 프로기사라고 해도 아동 입문 학습자에게 바둑을 가르치라고 한다면 어떻게 해야 할지 어려워할 수 있다. 바둑을 가르치는 데는 바둑을 두는 능력 이상의 다른 능력을 요하기 때문이다.

바둑지도사가 가져야 할 능력을 정리해 보면 <표 1-8>와 같다.

〈표 1-8〉 바둑지도사의 능력

능력	부문
바둑에 관한 능력	- 바둑의 기술적 지식 - 바둑실기 능력 - 바둑에 관한 문화상식
교육에 관한 능력	- 교육방법에 관한 지식 - 교육에 관한 심리학적 지식 - 교육을 행하는 실무지식

바둑지도사의 능력은 크게 바둑 능력과 교육 능력의 두 영역으로 나눌 수 있다. 바둑에 관한 지식과 기술 등을 가르치니 당연히 바둑과 관련된 지식, 실기능력, 그리고 바둑문화 상식을 알고 있어야 할 것이다. 이러한 능력이 없이 바둑을 가르친다는 것은 거의 불가능하다.

이와 더불어 바둑지도사는 교육 능력을 보유하고 있어야 한다. 즉 어떤 식으로 가르칠 것인가 하는 교육방법에 관한 지식이 있어야 하고, 아동발달과 학습자의 심리적 특징 등의 교육심리학에 관한 지식도 있어야 한다. 그리고 실제로 바둑교육을 행하는 데 필요한 실무적인 능력도 가지고 있어야 한다.

이렇게 보면 바둑지도사는 상당히 많은 공부와 수련을 해야 한다는 것을 알 수 있다. 바둑선수인 프로기사는 실기능력을 쌓기 위해 많은 수련을 해야 하지만, 바둑지도사는 다양하고 폭넓은 공부를 해야 한다고 하겠다. 바둑을 배우는 학습자에게 올바른 교육적 처방을 하기 위해 바둑지도사는 바둑기술 외의 다양한 지식과 능력을 지니고 있어야 하는 것이다.

가령 바둑의 가장 중요한 기술인 '수읽기'를 다룬다고 하자. 프로기사는 뛰어난 수읽기 능력을 발휘하여 주어진 장면에 적합한 수를 찾아낼 수 있어야 한다. 바둑지도사도 일정한 수준의 수읽기 능력이 필요한데, 여기에 덧붙여 수읽기를 어떻게 하는지에 관한 이론적 지식도 알고 있어야 한다. 왜냐하면 바둑을 배우는 학습자들에게 수읽기 하는 능력을 길러주기 위해 바둑의 수읽기를 하는 방법을 가르쳐줘야 하기 때문이다. 프로기사는 수읽기의 이론적 지식이 없이도 좋은 수를 찾으면 되지만 바둑지도사는 어떻게 해서 그런 수를 찾게 되는지를 이해하고 있어야 한다.

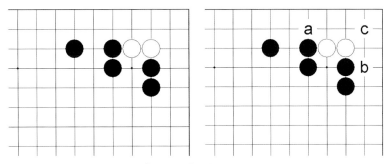

[그림 1-9] 사활의 수읽기

[그림 1-9] 왼쪽과 같은 모양의 사활에 관한 수읽기를 다룬다고 하자. 프로기사라면 수읽기를 하지 않고도 한눈에 해답을 알고 있는 모양인데, 이보다 더 어려운 모양이 나온다면 수읽기를 하여 답을 찾아낼 것이다. 그런데 이 모양에 관한 사활을 가르치는 바둑지도사는 단순히 해답만 가르쳐줘서는 안 된다. 어떻게 해서 해답을 찾게 되는지를 가르쳐주어야 한다.

여기서는 백이 사는 것이 목표이고, 그 목표를 달성할 가능성이 있는 수를 선정하도록 해야 할 것이다. 포위된 돌이 살기 위해서는 집을 넓히거나 급소에 두는 두 가지 방법이 쓰이므로 오른쪽 그림에서 그러한 수에 해당하는 a, b, c의 세 가지 후보를 고르도록 한다.

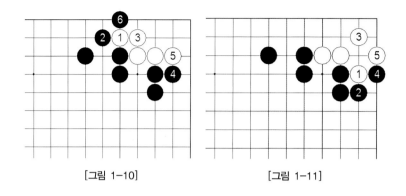

[그림 1-10]　　　　　　　　[그림 1-11]

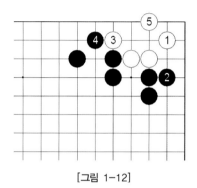

[그림 1-12]

[그림 1-10] 백1에 젖혀서 집을 넓히는 수가 적합한지 수를 읽도록 한다. 흑2에 막고 백3으로 이으면 흑4와 흑6으로 잡히게 되므로 이 수는 실패임을 알 수 있다.

[그림 1-11] 다음에는 백1에 젖혀서 사는 수를 수읽기해 본다. 흑2로 막을 때 백3에 호구치면 흑4, 백6으로 패가 된다. 그렇다면 이것이 정답인가 하고 결정을 내릴 수 있을 것이다. 그러나 더 좋은 수가 없을까 하고 다른 수를 찾아볼 필요가 있다.

[그림 1-12] 백1로 급소에 두는 수를 고려한다. 흑2면 백3에 젖히고 5로 두어 완생이다. 이상의 수읽기를 통하여 이 그림이 최선이라는 것을 판단할 수 있다.

이 예처럼 바둑지도사는 학습자가 수읽기를 하여 해답을 찾는 과정을 제시해야 하며, 그렇게 하려면 이러한 활동에 깔린 이론적 지식을 알고 있어야 한다. 바둑지도사가 바둑 기술에 있어서도 프로기사와는 색다른 지식과 능력이 있어야 한다는 것을 알 수 있다.

이러한 능력은 교수-학습과 관련이 있다. 학습자의 수준에 맞게 가르치는 능력 및 학습자가 새로운 지식이나 기술을 배워 나가는 데 관계되는 능력을 갖추고 있어야 하는 것이다. 그래서 교수법에 관한 지식, 지능이나 정서와 같은 심리적 요인에 관한 지식, 교육활동을 수행하는 데 필요한 실무능력 등이 필요한 것이다.

2) 바둑에 관한 능력

(1) 바둑기술에 관한 지식

바둑지도사는 무엇보다도 바둑기술에 관한 지식을 보유하고 있어야 한다. 포석, 정석, 중반전, 사활, 끝내기 등 바둑기술 전반에 관한 지식을 알고 있어야 한다. 이러한 기술적 지식이 없이는 바둑을 가르칠 수가 없기 때문이다.

그렇다면 바둑지도사는 이와 같은 기술적 지식을 어느 정도 알고 있어야 할까? 바둑기술에 관한 지식이 방대하기 때문에 지도사는 상당히 많은 공부를 해야 하겠으나 얼마나 많은 지식을 보유해야 하는지는 분명하게 말하기 어렵다. 입문자를 가르칠 경우 바둑규칙과 초보적인 기술만 알면 될 것 같기도 하다. 그러나 입문자라고 해도 실전대국을 하며 입문 수준을 넘어선 기술이 출현할 수도 있으므로 학습자들이 배우는 수준보다는 훨씬 더 높은 수준의 지식을 요한다고 할 수 있다.

(2) 바둑 실기능력

바둑에 관한 기술적 지식과 함께 바둑지도사는 실기능력을 보유하고 있어야 한다. 기술적 지식을 많이 알고 있으면 당연히 실기능력도 뛰어나게 되므로 실기능력은 지도사의 바둑기술에 관한 능력을 나타내는 바로미터가 된다.

바둑지도사의 실기능력은 강의를 할 때나 실전대국에 관한 피드백을 제공할 때도 필요하지만, 종종 다면기 등 지도대국을 할 경우에 요긴하게 사용된다. 지도사가 학습자보다 낮은 기력을 가지고 있다면 지도대국을 하기가 어려울 것이다. 특히 지도대국을 하고 나서 그 바둑의 수순을 돌이켜보며 복기를 하는 경우가 많은데, 복기를 통한 피드백까지 해 주려면 상당한 수준의 실기 능력이 필요하다.

기력의 잣대가 정확하지는 않지만, 일반적으로 바둑지도사는 아마추어 5단 수준의 기력은 갖고 있어야 한다는 것이 상식이다. 이 정도의 기력을 지니고 있다면 입문에서 중급 수준까지 지도하는 데 지장이 없다고 볼 수 있다.

(3) 바둑문화 상식

바둑지도사는 바둑기술 외에도 바둑문화 상식을 알고 있어야 한다. 바둑문화 상식이란 바둑에 관한 역사, 철학, 효용, 제도, 관습 같은 것을 말한다. 바둑의 예절, 기력 구분, 바둑용어 등에 관한 것도 여기에 포함된다.

바둑학습자들은 바둑이 어떤 역사를 갖고 있는지, 바둑이 사회에서 어떤 것으로 인식되고 있는지, 바둑을 배우면 어떤 이득을 얻게 되는지, 바둑에 관한 제도나 관습에는 어떤 것들이 있는지에도 흥미를 갖는다. 이런 문화적 상식을 몰라도 바둑을 둘 수는 있겠지만, 이와 같은 내용을 함께 배울 경우 바둑학습이 더욱 더 풍성하고 유익해질 수 있다. 예를 들어 요순이 어리석은 자식을 깨우치기 위하여 바둑을 만들었다는 신화, 바둑으로 친구가 된 신라 효성왕과 신충의 우정에 관한 이야기 등을 들려준다면 학습자들은 재미있어 할 것이다.

바둑지도사는 바둑문화 상식을 커리큘럼에 넣어 정식으로 가르칠 수도 있고 학습자의 동기유발을 하는 방향으로 활용할 수도 있다.

3) 교육에 관한 능력

(1) 교육방법에 관한 지식

바둑지도사는 교육을 담당하는 직업인이기 때문에 '교육방법'에 관한 지식을 알고 있어야 한다. 교육방법은 좁게 보면 강의법이나 토론법과 같이 학습자를 가르치는 교수법을 가리킨다. 그러나 넓게 보면 교수목표를 세우고 학습자를 진단하고 학습내용을 선정하여 조직하고 동기유발 전략을 사용하고 수업방법을 적용하고 학습성과를 평가하는 활동이 모두 포함된다.

바둑교육 전문가인 바둑지도사는 이와 같은 교육방법에 정통해야 한다. 바둑에 관한 능력만 지니고 있어서는 효과적이고 매력적인 교육을 하기가 어렵다.

(2) 교육에 관한 심리학적 지식

바둑지도사는 심리학적 지식도 알고 있어야 한다. 심리학이란 인간의 사고, 정서, 성격, 행동 등을 다루는 학문 분야이다. '생각하는 예술'이나 '두뇌스포츠'로 통하는 바둑은 지능, 주의력, 인성 등의 심리적 요인과 밀접한 관계를 갖는 게임이다. 따라서 바둑지도사는 바둑과 관련이 많은 이러한 심리적 측면에 관해 이해하고 있어야 한다.

또한 교육적 측면에서도 심리학적 지식이 필요하다. 흔히 교사가 되려는 사람들은 교육심리학이라는 과목을 필수적으로 공부하는데, 이는 교수-학습이 심리와 깊은 관계를 갖기 때문이다. 학습을 할 때 사람들은 새로운 지식이나 기술을 머릿속에서 처리하여 기억에 입력을 하며, 주의집중이나 흥미성 같은 동기에 의하여 영향을 받는다. 학습자의 지능이나 정서, 성격 발달도 학습에 영향을 미친다. 이와 같은 심리적 측면에 대한 지식을 갖추고 있어야 유능한 지도사가 될 수 있을 것이다.

(3) 교육을 수행하는 실무지식

바둑교육을 하는 데 있어서 실무적인 지식도 필요하다. 예를 들어 아동학습자의 출결관리, 안전관리, 학부모상담, 가정통신문 작성 등 실제로 교육을 할 때 요구되는 업무에 관한 지식이나 능력도 있어야 한다.

자신의 바둑교육 활동을 알리고 학습자의 바둑학습을 독려하는 바둑교육마케팅 능력도 요구된다. 바둑학원을 운영하는 경우 시설과 프로그램을 매력적으로 만들어야 하고 고객들과의 커뮤니케이션과 홍보를 해야 한다. 홈페이지를 구축하고 이메일이나 SNS를 활용하여 학습자 및 학부모 등과 의사소통을 하는 일도 필요하다.

바둑은 의무교육이 아니기 때문에 학습자가 내키지 않으면 바둑교육에 참여하지 않으며, 참여했다가도 싫증이 나면 자유의사에 따라 떠날 수가 있다. 이런 점에서 바둑지도사는 학습자들이 필요로 하고 원하는 바를 이해하여 고객을 만족시키는 마케팅적 기술이 필요하다.

4) 능력 이외의 요건

바둑지도사는 바둑과 교육에 관한 능력 외에도 갖춰야 할 것들이 있다. 바둑교육에 대한 열정, 사명감, 애정, 인품 등 교육자로서의 마음가짐이나 철학, 태도도 중요하다. 바둑교육을 천직으로 알고 효과적이고 매력적인 교육을 하겠다는 열정과 사명감을 가져야 하며 학습자를 아끼고 정성껏 지도하는 자세를 가져야 하며, 교육자다운 인품을 지녀야 한다.

어떤 의미에서는 교사의 이런 정의적인 면이 능력 요인보다도 더 중요하다. 왜냐하면 교사가 애정을 갖고 열성적으로 교육을 할 때 학습자도 마음이 움직여 열심히 공부를 하기 때문이다. 지식을 약간 더 가르쳐주는 교사보다 따뜻한 마음으로 학생을 격려하여 공부를 하고 싶은 의욕을 심어주는 것이 더 효과적일 것이다. 교사가 불성실하게 지도를 한다면 학습자도 공부할 의욕이 감소되고, 이에 따라 학업 성취도에도 부정적인 영향을 줄 것이다.

위대한 사랑의 힘

미국의 한 대학교수가 사회학 수업을 듣는 학생들을 데리고 볼티모어 슬럼지역에 사는 200명의 어린 소년들을 연구하였다. 학생들에게 각 소년들의 미래에 관한 평가를 적어보라고 했더니 대부분 "이 소년에겐 기회가 없었다"라고 평가를 했다.

25년이 지난 후 다른 사회학 교수가 이 연구를 보게 되었다. 이 교수는 대학생들로 하여금 그 소년들에게 어떤 일이 일어났는지를 조사해 보라고 했다. 학생들이 조사해 보니 다른 곳으로 이사 가거나 사망한 20명을 제외하고 180명 중 176명이 변호사, 의사, 사업가로 보통 이상의 성공적인 삶을 살고 있었다.

그 교수는 놀라움을 표하며 이 문제를 좀 더 연구해 보기로 결심했다. 다행히 모든 이들이 그 지역에 살고 있어 각자에게 질문을 할 수 있었다.

"당신의 성공에 대해 어떻게 설명할 수 있나요?"

이 질문에 대한 답변은 한결 같았다. "선생님이요."

그 선생님은 아직 생존해 있었다. 그래서 그 교수는 그 선생님을 찾아가 이 빈곤지역의 소년들을 성공으로 이끈 마법이 무엇인지 물어보았다.

늙었지만 아직도 민첩해 보이는 그 여자 선생님은 눈빛을 반짝이며 입가에 부드러운 미소를 띠었다.

"그거 아주 쉬운 일이죠."

"나는 그 소년들을 사랑했답니다."

이 이야기는 <영혼을 위한 닭고기 수프>라는 책에 나오는 내용이다. 가난하고 희망이 없어 보이는 슬럼지역의 소년들을 성공적인 인물들로 성장시킨 비결은 다름 아닌 교사의 따뜻한 사랑이었음을 잘 보여주고 있다.

 **학습활동**

▌활동 1 ▌ 바둑지도사의 능력 토론　　ACTIVITY

　　바둑지도사가 전문직업인으로서 훌륭한 능력을 발휘하기 위해서는 어떤 요소를 갖춰야 할 것인가에 관해 토론해 보자. 학습자의 입장에서 어떤 능력과 요소를 갖춘 지도사가 유능한 교사인가에 초점을 맞추어 토론해 보기로 한다.

▌활동 2 ▌ 입문자 지도능력 토론　　ACTIVITY

　　바둑교육에서는 무엇보다도 처음으로 바둑을 배우는 입문자에 대한 교육이 중요하다. 입문자는 바둑을 배우는 것이 어렵고 재미없다고 느끼면 바둑학습을 그만둘 가능성이 높다. 입문자를 잘 교육하려면 어떤 능력이 필요할지에 대해 토론해 보기로 하자.

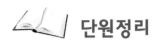 **단원정리**

1. **바둑교육의 요소**
바둑교육에는 기본적으로 교사(지도사), 학습자, 학습내용의 세 가지 요소가 있다. 여기에 덧붙여 교육목표, 교육방법, 교육환경이라는 요소도 고려해야 한다.
이들 바둑교육의 요소를 잘 이해하여 적절한 처방을 하는 것이 효과적이고 매력적인 바둑교육을 실행하는 길이다.

2. **교수목표 세우기**
바둑교육을 할 때는 먼저 '교수목표'를 세우는 것이 중요하다. 교수목표는 학습자가 그 수업을 마쳤을 때 도달해야 하는 지식이나 기술, 또는 태도 등을 말한다. 이 목표를 분명히 하는 것이 효과적인 수업의 첫걸음이다.
교수목표를 진술할 때는 "~의 이해"나 "~의 학습"과 같이 쓰는 것보다 "~의 상황이라면 ~을 할 수 있다"와 같이 행동으로 학습했음을 보여주는 표현을 쓰는 것이 바람직하다.

3. **학습내용 선정하기**
바둑교육을 하려면 학습자들이 배워야 할 내용을 선정해야 한다. 입문, 초급, 중급, 고급 등 각 단계별로 배워야 할 내용들이 있다. 그것을 선정하여 시간에 맞게 적절히 구성해야 한다.
학습내용을 선정할 때는 각 단계별 수준에 맞도록 해야 하며, 교수목표를 달성하는 데 필요한 내용을 골고루 포함시켜야 하며, 학습자들이 이미 알고 있는 지식과 관련하여 자연스럽게 지식과 능력을 확대해 나갈 수 있도록 해야 한다.

4. **학습자의 이해**
바둑교육은 학습자를 변화시키기 위한 활동이다. 따라서 교사는 학습자에 관하여 충분히 이해하고 그에 맞게 교육방법이나 학습내용을 선정하는 식으로 교수적 처방을 해야 한다.
교육에 영향을 미치는 중요한 학습자 변인에는 연령, 지적 수준, 사전지식, 학습양식 등이 있다. 특히 학습자가 배우려고 하는 분야에 관하여 무엇을, 얼마나 알고 있는가 하는 '사전지식'은 새로운 내용의 학습에 큰 영향을 준다.

5. **바둑교육의 방법**
바둑 분야에는 독특하게 사용하는 교육방법이 있다. 강의나 문제풀이 등 타 분야의 교육방법과 같은 방식도 있지만, 실전대국을 하고 복기를 하는 식으로 특별하게 사용하는 방법도 있다. 바둑교육 방법을 분류하면 강의, 복기와 같이 교수자가 주도하는 수업방식과 독서, 문제풀이, 정석형 연습, 실전대국과 같이 학습자가 스스로 하는 수업방식이 있다. 이러한 방식들을 적절히 조합해서 사용한다면 효과적인 수업이 될 수 있다.

6. **바둑지도사의 요건**
바둑지도사는 바둑교육을 전문으로 하는 직업인이다. 전문직업인이므로 직업적인 활동을 하는 데 필요한 전문능력을 보유해야 한다.

바둑지도사는 크게 '바둑 능력'과 '교육 능력'을 갖고 있어야 한다. 바둑에 관한 지식, 실기능력, 문화상식 등 풍부한 소양을 갖추고 있어야 하며, 교육에 관해서는 바둑 교육방법, 교육심리학, 교육실무 등의 지식과 노하우를 갖고 있어야 한다.

단원평가

01. 바둑교육이란 바둑을 가르치는 것을 말하지만, 단순히 바둑의 기술을 가르치는 것만을 뜻하는 것은 아니다. '교육'의 의미에 비추어 바둑교육이 무엇을 지향하는지를 설명하라.

02. 바둑교육은 몇 개의 부분, 또는 요소로 구분할 수 있다. 그 요소들이 상호작용하며 바둑교육 활동을 이루어낸다. 바둑교육의 요소에는 어떤 것들이 있는지 열거하라.

03. 교육은 학습자에게 지식이나 기술 등을 가르쳐 어떤 변화를 가져오려는 목적을 가진 활동이다. 교수목표를 세우고 바둑교육을 진행하는 경우와 교수목표가 없이 진행하는 경우 어떤 차이가 있는지 예를 들어 설명하라.

04. 소목의 귀굳힘에 관한 교수목표를 진술할 때 "귀굳힘의 이해"라고 하지 않고 "소목에서 귀를 굳히라고 하면 날일자나 한 칸으로 굳히는 수를 둘 수 있다"와 같이 쓰는 것이 좋다. 그 이유는 무엇인가?

05. 바둑의 학습내용에서 경기규칙은 보통 초보자 때 다루는 것으로 되어 있다. 그러나 귀곡사, 장생과 같은 규칙은 입문 단계에서 가르치기 어렵다. 그 이유는 무엇이며 어느 단계에서 가르치는 것이 적절한가?

06. 바둑교육을 하는 바둑학원이나 도장에서는 포석, 정석, 행마, 사활, 맥, 실전대국을 중심으로 지도를 하고 있다. 학습내용의 측면에서 볼 때 여기에는 어떤 문제점이 있는지 설명하라.

07. 바둑을 배우는 학습자는 유치원 어린이에서 노인에 이르기까지 매우 다양하다. 아동, 대학생, 중년여성, 노인의 네 집단에 바둑교육을 실시한다고 할 때 커리큘럼, 언어, 교육방법을 똑같이 사용할 경우 어떤 문제점이 있는지 설명하라.

08. 교육을 할 때 교사는 학습자의 특성을 고려하여 수업을 설계하고 진행해야 한다. 바둑교육에서 교사가 고려해야 할 학습자의 특성에는 어떤 것들이 있는지 열거하라.

09. 바둑교육에서는 대체로 다른 분야와 다른 교육방법을 사용하고 있다. 바둑의 교수-학습방법을 열거하고 다른 분야와 동일한 방법과 바둑 분야에만 고유한 방법을 구분해 보라.

10. 바둑교육에서는 강의를 적게 하고 실전대국의 비중을 크게 하여 학습자들이 지식을 많이 습득하기가 어려운 특징이 있다. 이러한 실전대국 중심 수업방식에서 지식을 늘려주려면 어떻게 해야 할까?

11. 바둑교육을 전문으로 하는 지도사는 바둑에 관한 능력과 교육에 관한 능력을 겸비해야 한다. 바둑지도사가 갖춰야 할 바둑에 관한 능력과 교육에 관한 능력에는 어떤 것들이 있는지 열거하라.

12. 바둑 분야에서 프로기사는 자격을 취득한 후에도 전문성을 유지하기 위해 지속적으로 수련을 한다. 마찬가지로 바둑지도사도 전문성을 유지하고 발전시키려면 끊임없이 수련을 할 필요가 있다. 바둑지도사는 어떤 방식으로 수련을 하는 것이 좋을까?

Chapter 2

바둑교육 방법

▌중심 주제   바둑을 가르치는 방법은 크게 강의법, 문제풀이법, 기보감상법, 실전대국법, 복기법, 온라인 학습법의 6가지로 나눌 수 있다. 이러한 교육방법들은 각각 장점과 단점을 보유하고 있으므로 각 방법들의 특징을 이해하고 학습내용이나 학습자의 특징에 맞게 사용할 필요가 있다.

제2부에서는 바둑교육 방법의 종류와 특징, 각 방법들의 장점과 단점 및 주의할 점을 살펴보고, 이러한 교육방법을 적용하는 요령에 대하여 알아보기로 한다.

▌학습목표
1. 바둑교육 방법의 개념을 설명할 수 있다.
2. 바둑교육 방법의 종류를 열거할 수 있다.
3. 각 교육방법의 특징에 대해 설명할 수 있다.
4. 각 교육방법의 장점과 단점을 지적할 수 있다.
5. 학습자의 특성에 맞는 교육방법을 설계할 수 있다.
6. 학습내용에 맞는 교육방법을 제시할 수 있다.
7. 바둑 지도 시 유의할 점에 대해 설명할 수 있다.

1. 강의법

| ▌학습목표 | 1. 바둑교육 방법 중 강의법의 특징을 설명할 수 있다.
2. 바둑강의법의 장점과 단점을 지적할 수 있다.
3. 바둑강의법에서 유의할 점에 대해 설명할 수 있다. |
| --- | --- |

학습내용

바둑교육의 현장에서는 비교적 다양한 형태로 가르치는 방법이 적용되고 있다. 그중에서도 가장 기본적으로 사용하는 교수법은 다수의 학생들을 대상으로 교사가 강의를 하는 방법이다. 바둑교육 방법의 가장 기본적인 유형인 강의법에 대해 알아보기로 한다.

1) 강의법의 정의

강의법이란 교사의 설명에 의하여 수업을 진행해 가는 설명식 수업방식을 의미한다. 강의법은 고대 그리스시대부터 사용된 교수방법으로서 오늘날에도 교육현장에서 널리 사용되고 있다. 다수의 학생을 교사가 주도하여 교육을 진행할 수 있기 때문에 많은 교사들이 선호하는 교육방법이기도 하다. 바둑교육에서도 바둑지도사들은 비중이 크든 작든 강의법을 필수적인 교수법이라고 생각하는 경향이 있다.

강의법은 교사가 학생들에게 가르칠 내용을 자세하고 체계적으로 설명하며 주입시키는 교사 중심의 교수-학습 형태이다. 교사의 설명에 의해 이루어지기 때문에 강의법을 설명법이라고 하기도 하고, 명시법이나 직접 수업법 등으로 부르기도 한다.

강의법의 형태는 학습내용을 전달하는 방식에 따라 크게 2가지로 나눌 수 있다. 하나는 교사의 일방적인 설명으로 이루어지는 강의로서, 지식과 경험을 많이 갖고 있는 교사가 학습내용을 언어적 설명을 통해 학생들에게 일방적으로 전달해 주는 방식을 말한다. 또 하나는 상호작용 강의로서 설명식으로 강의를 하는 도중에 교사의 질문과 학생의 답변이 포함되는 강의이다. 교사는 자신의 강의만으로 수업을 진행하지 않고, 종종 학생들에게 질문을 던져 생각을 하도록 함으로써 보다 능동적으로 수업에 참여시킬 수 있다. 이처럼 상호작용을 하는 수업방식이 일방적인 내용 전달 강의보다 효과적이다.

강의법은 다수의 학생들을 가르칠 때 적절한 교수법이다. 학생이 15명 이하일 경우에는 강의법보다 학생들이 적극적으로 참여할 수 있는 다른 교수 방법이 더 좋을 수 있다. 그러나 100명이 넘는 다수의 학생을 가르칠 때는 다른 교육방법을 쓰기가 어려워 강의법을 쓸 수밖에 없다. 하지만 강의법이라고 하더라도 학생은 15~35명이 적합하다. 학생수가 35명 이상일 경우에는 강의 도중 학생들의 질문이나 토론 등 상호작용적인 활동이 힘들어지므로 일방적인 강의가 될 가능성이 커진다.

강의법은 교사 주도의 설명식 수업이므로 자칫하면 수동적인 학습 분위기를 조장할 가능성이 크다. 교사가 설명하는 내용을 학생들이 가만히 앉아서 듣는 방식이기 때문에 학습자가 능동적으로 학습을 하지 않는다. 이런 수업은 학습자가 강의를 들을 때는 내용을 이해했다가도 나중에는 기억하지 못하는 경우가 많다. 많은 내용을 듣다 보면 사실 모두 기억한다는 것은 무리이고, 강의 내용의 10~15%를 기억하는 것으로 조사되고 있다.

이런 점을 고려하여 교사는 강의의 방법, 절차, 내용 등에 대해 사전에 충분히 고려하여 학생들을 적극적으로 참여시킬 수 있는 방안을 강구해야 한다. 예를 들어 수업 도중 학생들의 주의를 환기시키는 흥미로운 소재를 동기유발 전략으로 사용하거나 학생들이 사고를 하며 능동적으로 학습을 할 수 있도록 적절한 질문을 던지는 방법 등을 동원할 필요가 있다. 교수매체도 학습내용에 따라 빔프로젝터 등을 사용하여 생생한 시각적 자료나 동영상 자료를 보여줌으로써 학생들의 흥미와 관심을 높이도록 하는 것이 바람직하다.

2) 강의법의 특징

강의법은 주로 해설이나 설명에 의해 수업이 이루어진다는 것이 주요한 특징이다. 즉, 언어를 통한 학생과 교사의 상호작용이 주가 되는 교수－학습법이다. 바둑교육에서도 이러한 방식의 강의법이 사용된다. 그러나 언어적인 설명만으로 강의가 이루어지지 않고 [그림 2-1]처럼 바둑의 형태와 함께 언어적 설명이 곁들여지는 경우가 많다. 바둑기술의 특성상 가르칠 내용과 관련된 바둑돌의 형태를 보여주며 기술적 지식을 설명하는 특징을 띤다.

[그림 2-1] 바둑교육의 강의법

강의법은 교사의 언어적 설명이 주가 되기 때문에 교사는 학습자에게 자신이 지닌 지식이나 정보 등을 명확히 전달할 수 있는 능력을 갖추어야 한다. 특히 설명을 할 때 언어적으로 명쾌하게 표현하여야 하고, 학습자들이 지루하지 않게 강의를 이끌어가는 기술도 필요하다. 또한 교사가 다수의 학생을 상대하므로 학습자들이 학습하려고 하는 의욕과 적극성을 갖도록 유도해야 한다.

바둑의 강의법에서는 일반적인 수업의 강의에서보다는 언어적인 측면의 중요성이 다소 덜하다. 바둑교육에서는 바둑돌의 형태를 놓고 그것을 언어로 설명하는 부분이 많기 때문이다. 예를 들어 '축과 축머리'에 관한 강의를 한다고 할 때 교사는 축의 정의 등을 말로써 자세하게 설명할 필요가 없이 자석바둑판 위에 축 모양을 만들어 놓고 "이런 형태를 '축'이라고 한다"라고 설명하면 학습자를 이해시킬 수 있다. 바둑돌의 모양을 통해 내용의 핵심적인 부분을 보여주기 때문에 언어적 설명의 중요성이 그만큼 줄어든다고 볼 수 있다.

그렇긴 하지만 바둑의 강의법에서도 역시 언어적 설명이 중요하다. 특히 바둑교육에서는 유치원 아동에서부터 노인에 이르기까지 다양한 연령층이 학습에 참여하기 때문에 학습자의 특성을 고려한 언어 구사 능력이 필요하다. 극히 상식적인 얘기지만, 어린이들에게 바둑을 가르치는 방법은 성인에게 가르치는 방법과 약간 차이가 있다. 어린이들은 지적 능력이나 어휘 능력이 성인보다 떨어지므로 성인과 똑같은 방법으로 가르치면 어려움을 느끼게 된다. 그래서 바둑지도사들은 가급적 쉬운 용어를 쓰고, 복잡하고 어려운 내용을 피하며 지도해야 한다. 바둑에는 '환격'이나 '축'과 같은 전문용어들이 나오는데,

어린이들이 이해하기 쉽게 '되잡기' 등과 같은 말로 바꾸어 가르치는 사람도 있다.

바둑에는 학습자에게 기술적 지식을 전달할 때 사용하는 특별한 방법이 있다. 지식을 격언으로 만들어 가르치는 것이다. 예를 들어 '붙이면 젖혀라', '귀에서는 2의 1이 급소'와 같이 격언으로 만들어 가르친다.

이와 같은 격언으로 바둑을 배우게 되면 기억하기 쉽고 실제 상황에서 빨리 연상된다는 장점이 있다. 격언은 그 내용과 관련된 이론의 전반적 구조를 기억하기 쉽게 요약한 것이다. 그래서 사람들은 격언으로 된 바둑기술의 원리나 요령을 쉽게 기억한다.

다른 분야에서는 지식을 다양한 측면으로 분류하여 길게 설명하는 방식을 취한다. 가령 붙임수에 관한 지식을 가르친다고 하면 붙임수의 정의, 특징, 유형, 응수법 등으로 설명하는 것이다. 이런 방식이 필요하긴 하지만, 학습자들은 이렇게 배운 지식을 잘 기억하지 못하며 그래서 실제상황에서 유용하게 써먹지도 못한다. 그러나 '붙이면 젖혀라'라는 격언은 누구나 기억하며, 붙임수가 나올 때 젖혀서 응수하는 수를 고려하게 된다.

바둑의 많은 원리는 이처럼 짤막한 격언 형식을 띠고 있어 학습자들이 지식을 터득하는 데 상당한 도움이 되고 있다. 바둑격언에는 "좌우동형은 중앙이 급소", "건너붙이면 끊어라" 등과 같은 것에서부터 "세고취화", "반외팔목", "유가무가불상전" 등과 같이 한자성어로 된 것에 이르기까지 100개 정도가 있다. 이 격언만 알아도 바둑을 두는 데 도움이 되는 중요한 지식을 습득할 수 있다.

물론 바둑격언이 만능은 아니다. 격언은 짧기 때문에 예외적 상황에 대한 설명을 포함할 수 없다는 제한점이 있다. 예를 들어, "붙이면 젖혀라"라는 격언은 공격하고 있는 상황에서의 붙임수를 대한 젖힘수는 좋지 않다는 점을 설명하지 못한다. 또한 사활에 관한 격언인 "죽음은 젖힘에 있다"와 "선치중후행마"와 같이 상호간에 모순되는 내용이 공존하고 있어 학습자에게 혼란을 주기도 한다.

그렇지만 이러한 제한점에도 불구하고 바둑격언은 교육방법상으로 충분한 가치가 있다. 배운 후 잊어버리고 실제 장면에서 활용이 안 되는 지식이라면 사실상 의미가 없는 지식이 아닌가. 이에 비하여 격언으로 된 바둑지식은 평생 잊히지 않는 특징이 있다. 바둑교사들은 바둑강의를 할 때 격언으로 된 바둑지식의 특징을 이해하여 적절히 활용할 필요가 있다.

3) 강의법의 장점과 단점

어떤 교육방법이든 장점과 단점을 함께 갖고 있다. 강의법도 역시 장점과 함께 단점도 가지고 있다. 먼저 강의법의 장점을 살펴보면 다음과 같다.

① 정해진 시간에 맞게 수업을 진행할 수 있다.
② 교과서의 내용을 교사가 지닌 능력의 범위 내에서 보충, 첨가, 삭제하는 데 편리하다.
③ 교사는 자신의 언어적 표현능력에 따라 학습자를 용이하고 쉽게 동기화시킬 수 있다.

④ 경우에 따라서는 언어만으로도 어떤 사건이나 사실을 생생하게 나타낼 수 있으므로 학습자들의 이해력을 높일 수 있다

⑤ 교사의 해설이나 설명이 중심이 되는 수업이므로 수업자의 의지에 따라 학습 환경 및 구성을 자유롭게 바꿀 수 있다.

요약하면, 강의법은 교사가 수업을 주도하는 교수 중심의 수업방식이므로 수업을 관리하기가 쉽고 다수의 학생들을 비교적 쉽게 가르칠 수 있다는 장점이 있다.

강의법은 위에서 살펴본 것처럼 장점이 많으나, 대신 단점도 있다. 그것을 열거하면 다음과 같다.

① 교사의 능력이 모자라거나 사전에 충분한 수업계획이 없으면 교과서의 상투적인 설명에 그치기 쉽다.

② 설명 중심의 수업이므로 학습자들이 무미건조하게 느끼기 쉽다.

③ 학습자들의 지적 능력의 차이나 이해 수준 차이에 따라 설명 중심의 수업의 진도를 따라가기가 곤란하거나 심리적 부담을 줄 우려가 크다.

④ 주의가 산만한 학습자들의 경우에는 강의 자체에 집중하기가 쉽지 않고 강의내용의 요점을 파악하기 힘든 경우가 많다.

⑤ 강의식 수업은 일방적 전달에 치우치기 쉬우므로 학습자들이 학습활동을 할 때 개별화 및 사회화를 기대하기 어렵다.

요약하면, 강의법은 학습자가 교사의 강의를 가만히 듣기만 하는 식으로 수동적인 학습이 되기 쉽고 이론적인 내용 위주로 강의를 하다 보면 학습자들이 지루해 할 수 있다는 단점이 있다. 따라서 교사는 이런 단점을 보완할 수 있도록 적당한 질문을 하거나 중간 중간에 주의를 집중시키는 전략을 쓰고, 컴퓨터를 활용한 교수매체를 사용하는 등의 노력을 할 필요가 있다.

4) 바둑의 강의식 수업

바둑교육을 할 때 대부분의 바둑지도사들은 강의법을 사용한다. 그러나 전체 수업시간을 강의로 진행하는 경우는 거의 없고 약간의 강의를 하고 나서 실전대국 등의 실습으로 들어가는 것이 보통이다. 바둑수업은 학교수업과 달리 이론적 학습보다는 실제적 게임을 통한 학습이 효과적이라고 보는 것이다. 이런 생각 때문에 바둑교육에서 강의는 비중이 그리 크지 않은 편이다.

이처럼 강의를 짧게 하는 수업방식은 바둑수업의 특징으로 볼 때 나름대로 의미가 있다. 보통 다수의 학생들을 대상으로 한 명의 강사가 교육을 하다보면 강의 위주로 진행하기 쉽지만, 어린이들을 대상으로 하는 강의는 어린이의 짧은 집중 시간을 고려하여 되도록 간결하게 하는 것이 중요하다. 5세 이하의 어린이의 경우 집중시간이 불과 5분가량이며 초등학교에 입학할 쯤이 되어야 대다수의 아이들이 싫어하는 것에도 집중할 수 있을 정도가 된다. 또한 1학년은 10분, 2학년은 20분, 3학년은 30분 정도로 학년이 올라갈수록 평균 10분 정도씩 주의집중력이 향상되는 것으로 나타났다. 이러한 차이를 고려하여 강의를 하지 않으면 아무리 많은 정보를 준다고 하더라도 많은 양이 흡수되지 않으며, 실제로 그 지식이 필요한 상황에서는 다시 기억되지 않는 점이 지적되고 있다.

또한 아이들마다 집중력의 발달 속도가 다르기 때문에 교사는 집중력이 부족한 아이의 집중력을 고려하여 아이를 대하는 태도를 달리 해야 한다. 아이의 감정을 이해하지 않고 잔소리를 반복하게 되면 부정적인 말을 듣지 않기 위해 교사의 말을 무시하는 습관이 생기며, 자연히 학습에도 흥미를 잃게 되고 자신감의 저하로 이어질 가능성이 있다. 바람직한 교사의 태도는 집중력이 낮은 아이도 집중할 수 있도록 작은 일에도 크게 칭찬해주면서 아이들이 직접 참여할 수 있는 강의로 이끌어 주는 것이다.

하지만 근본적으로 강의는 교사 중심의 수동적 접근법으로서 자기주도적인 학습을 하지 않아 학생 스스로 원리와 기술 등에 대해 학습하고 생각하는 능력을 얻을 수 없다는 것이 큰 단점이다. 교사는 이런 측면을 이해하고 강의법을 사용할 필요가 있다.

바둑교육에서는 강의를 하는 시간이 짧기 때문에 주의집중에 관한 문제는 그다지 심각하지 않다. 그 대신 강의를 통하여 전달하는 지식의 양이 많지 않다는 점이 문제로 부각되고 있다. 짧은 시간 동안 한두 가지의 기술을 가르쳐주기 때문에 수업의 진도가 매우 느리게 진행될 수 있다. 다시 말하면 상당 기간 수업에 참여해도 교사의 강의를 통하여 습득하는 지식의 양이 너무 적다는 것이다.

이런 점을 고려하여 바둑지도사는 학습자들이 실전대국이나 문제풀이 등을 통하여 다양한 지식을 습득할 수 있도록 조치해야 한다. 특히 실전대국 경험을 통하여 실제적인 지식을 풍부하게 습득할 수 있도록 할 필요가 있다.

바둑강의를 할 때는 교수매체를 어떻게 활용할 것인가도 고려해야 한다. 전통적으로 바둑학원이나 초등학교 방과후 수업에서 강의법으로 바둑을 가르칠 경우에 교수매체로 대부분 자석바둑판을 사용해 왔다. 자석바둑판은 바둑돌의 모양을 그대로 판 위에 펼쳐 보이며 설명을 할 수 있다는 장점이 있다. 사이즈가 큰 바둑판을 사용할 경우 뒷자리에서도 내용을 알 수 있고, 비교적 가격도 저렴하여 바둑지도사들이 흔하게 이용하고 있다.

그러나 자석바둑판만으로 강의를 하는 것은 바람직하지 않으며, 바둑용어 등 언어적인 설명이 필요한 내용은 칠판에 글씨를 쓰거나 그림을 그려가며 강의를 하는 것이 더 효과적이다. 컴퓨터를 활용한 빔프로젝터 설비가 되어 있다면 자석바둑판 대신 컴퓨터 바둑프로그램을 이용하는 것이 훨씬 더 편리하다. 자석바둑판은 바둑알을 붙였다가 떼는 데 시간이 걸리는데다가 이동이 불편한 점 등이 있어 근래에는 빔 프로젝터와 기보 편집 프로그램을 활용한 강의법이 활성화되고 있다.

[그림 2-2] 빔프로젝트를 활용한 수업

[그림 2-2]에서 왼쪽은 자석바둑판을 사용한 강의이며, 오른쪽은 빔프로젝터를 사용한 강의이다. 자석바둑판을 사용한 강의에 비하여 빔프로젝터를 활용한 수업은 바둑돌의 이동이나 따냄 등을 자유롭게 보여줄 수 있을 뿐만 아니라, 다양한 사진과 생생한 동영상과 같은 시각적 자료를 통해 학습자의 흥미와 집중력을 높일 수 있다는 장점이 있다. 바둑은 수(手)의 변화와 기술이 흥미롭지만, 그 밖에도 역사나 문화, 삶의 교훈과 지혜 등 다양한 요소를 담고 있다. 바둑교육에서 이러한 내용을 풍성하게 다루려면 기존의 자석바둑판에서 벗어나 프로젝터와 컴퓨터를 이용하는 방식을 고려할 필요가 있다. 교수매체를 잘 활용하여 바둑 강의를 하는 것만으로도 바둑교육의 질을 한 차원 높이는 데 도움이 될 것으로 생각된다.

🍎 읽어보기

바둑은 언어와 관련이 없을까?

사람들은 바둑이 언어와 별 관련이 없는 것처럼 생각하는 경향이 있다. 바둑을 둘 때 말이 필요 없으며, 바둑의 지식도 바둑돌의 형태를 가지고 얘기하기 때문일 것이다. 바둑지도사들도 바둑이 언어와는 별 관계가 없다고 생각한다.

그러나 바둑은 언어와 밀접한 관련을 맺고 있다. 바둑에는 축, 장문, 환격, 쌍립, 포석, 행마, 정석, 정수, 악수, 자충수, 뒷맛, 선수 등 굉장히 많은 용어들이 있다. 이런 용어를 해설한 <바둑용어사전>도 있다. 이들 바둑용어 중에는 신문이나 잡지 등에서 "친정 체제를 굳히기 위한 포석"이나 "합병을 위한 수순" 등과 같이 사회현상을 묘사하는 시사용어로도 쓰이고 있다.

또한 바둑은 돌의 형태적 지식과 함께 언어적 설명이 필요하다. 신문이나 방송에서는 바둑경기를 보여줄 때 해설을 넣는다. 신문의 바둑 관전기는 언어 구사력이 뛰어난 시인이나 소설가들이 맡는 경우가 많다. 예전에 조남사 극작가, 박재삼 시인, 김성동 소설가와 같은 문인들이 바둑란을 담당하였다.

이렇게 보면 바둑은 언어와 관련이 많은 분야라고 할 수 있다. 대국을 할 때 말을 하지 않지만, 바둑수와 전략에 관한 무언의 대화를 한다. 그래서 바둑을 '수담(手談)', 즉 손으로 나누는 대화라고 부르기도 한다. 이것은 다른 말로 하면 바둑수를 통해서 나누는 대화라고 할 수 있다.

바둑이 이처럼 언어적인 내용을 풍부하게 지니고 있다면 바둑교사들은 이러한 특장(特長)을 살리는 방향을 찾을 필요가 있을 것 같다. 아동에게 바둑을 가르칠 때 바둑의 풍부한 언어를 통해 언어능력 발달도 꾀할 수 있는 것이다. 예컨대 대마(大馬), 사활(死活), 미생(未生), 호수(好手), 공격(攻擊), 삭감(削減) 등의 용어를 통해 추상적인 개념을 가르쳐줄 수 있다.

이러한 용어를 가르칠 때는 때로 한자나 영어를 병행해서 설명하는 것이 효과적이다. 이적수(利敵手)를 'thank-you move'라고 알려준다든지, 계가(計家)의 한자어를 설명해 준다든지 하는 것이 이 용어들을 이해하는 데 도움이 될 수 있다. 학습자의 언어능력이나 지적 수준을 고려하여 이런 언어적 지식을 설명해 주는 것도 바둑교육의 한 부분을 이룬다.

 **학습활동**

　바둑기술에 관한 소주제를 하나 골라 수업자료를 만든 뒤 실제로 강의하는 방법을 실습해 보기로 하자. 3～4명이 한 조를 이루어 한 사람이 강의를 할 때 다른 사람은 관찰을 하여 강의가 끝난 후 수업 개선에 도움이 되도록 피드백을 제공하도록 한다. 강의 장면을 캠코더로 촬영하거나 녹음하여 그 자료를 분석해 보는 것도 한 방법이다.

　3～4명이 조를 이루어 수업내용을 준비한 후 자석바둑판을 이용한 강의와 빔프로젝터와 컴퓨터를 활용한 강의의 두 가지 방법을 시연해 보기로 한다. 실습이 끝난 후 두 가지 방법의 차이점에 관하여 토론해 보자.

2. 문제풀이법

▌ 학습목표	1. 바둑 문제풀이법의 특징을 설명할 수 있다.
	2. 문제풀이법의 장점과 단점을 지적할 수 있다.
	3. 문제풀이법을 지도하는 요령에 대해 설명할 수 있다.

학습내용

어린이 바둑교육현장에서는 바둑수련장과 같은 교수자료를 활용한 '문제풀이'를 거의 필수적으로 다루고 있다. 문제풀이는 교사에게 배운 이론적 지식을 다룬 비슷한 유형의 문제를 반복적으로 풀어보게 함으로써 기술을 숙달시키는 기능을 한다. 이러한 문제풀이 방법은 어떤 특징이 있고, 어떤 장점과 단점이 있는지 알아보도록 하자.

1) 문제풀이법의 정의

문제풀이법이란 실제 장면에서 나올 법한 바둑 모양을 통하여 문제를 풀어 보면서 기술을 숙달하는 방법이다. 문자 그대로 '문제를 푸는 것'을 말한다. 이것을 영어로 하면 'Problem-solving(문제해결)'으로 번역할 수 있는데, 통상적으로 '문제해결'은 해답이 명확치 않은 문제의 해결책을 찾는 것을 의미한다. 이에 비하여 '문제풀이'는 해답이 명확하든, 명확치 않든 상관없이 문제를 푸는 것을 말한다. 정확히 말하면 이 방법은 '문제를 통하여 배운 지식이나 새로운 지식을 숙달시키는 것'이다.

바둑교육에서는 이러한 문제풀이법을 필수적인 교수방법으로 사용한다. 이론적으로 배운 지식을 실제 장면에 적용할 수 있는 지식으로 만들기 위해서는 그 지식과 관련된 문제를 풀어보며 숙달하는 과정이 필요하다고 보는 것이다. 그래서 어린이를 대상으로 한 바둑 교재는 대부분 이와 같은 수련장 형식으로 구성되어 있다. 또한 바둑의 이론서라고 할지라도 바둑 분야에서 먼저 실전의 장면을 문제도로 제시하고 그 변화를 해설하는 식으로 설명하는 경우가 많다.

문제풀이에는 기술을 반복하여 연습하는 형식뿐만 아니라 사활, 포석, 행마, 중반전술 등 전략이나 수읽기, 사고방식에 관한 것도 있다. 이와 같은 내용을 다룬 저술에서는 바둑의 단편적인 모양을 먼저 제시하고 이론을 풀어서 설명하는 방식으로 구성되어 있는 경우가 대부분이다.

2) 문제풀이법의 특징

바둑의 문제풀이는 대부분 바둑돌의 형태를 제시하고 풀어보라는 식으로 간단하게 지시를 하는 형식을 취하고 있다. 물론 문제의 용도에 따라서는 언어로 된 설명을 하고 고르라는 식으로 한 문제도 있지만, 바둑교육과 관련한 문제집에서는 바둑돌 형태가 거의 필수적으로 들어간다.

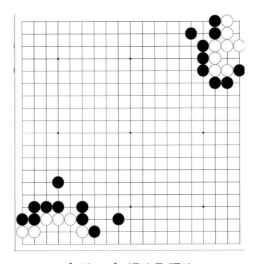

[그림 2-3] 바둑의 문제풀이

[그림 2-3]은 바둑 문제풀이의 예이다. 위쪽 그림은 입문 수준의 학습자를 대상으로 한 문제인데, 보통 한 수를 표시하여 정답을 맞히라는 식으로 되어 있다. 문제를 푸는 학습자는 문제 공간의 어느 한 점을 찾아 정답을 맞히면 된다. 문제와 관련된 기술의 원리를 이해한 학생의 경우 단순한 덧셈을 하는 것처럼 빠르게 풀 수 있다. 이런 유형의 바둑문제는 형태와 관련된 지식이나 기술을 알고 있는가를 체크하는 성격을 띤다고 할 수 있다.

학습자의 기력 수준이 올라가면 문제의 난이도가 높아지고 때로는 한 수가 아니라 수순을 제시하도록 한다. 아래쪽의 문제는 흑선으로 백을 잡아보라는 문제인데, 흑이 '석점의 중앙'에 치중한 다음의 변화까지 읽어야 정답에 이른 것으로 볼 수 있다.

이와 같은 문제풀이 방식은 사활이나 맥에 관한 기술서에서 전형적으로 많이 쓰이고 있다. 1349년에 출간된 것으로 전해지는 바둑고전『현현기경』을 비롯하여『수석불노』와 같은 사활서적들은 앞에 문제를 제시하고 뒤에 해답을 싣는 구성방식을 취하고 있다.

아동을 대상으로 한 바둑교본에서는 설명을 거의 넣지 않고 비슷한 문제를 여러 차례 풀어보도록 하고 있다. 같은 수법을 반복하며 연습하도록 구성한 것이다. 이렇게 설명을 빼고 반복 연습을 하도록 한 것은 나이 어린 아동의 경우 언어적 설명이 많이 들어가면 오히려 학습에 지장을 준다고 보기 때문으로 보인다.

문제의 유형은 어떤 상황인가에 따라서도 달라진다. 포석이나 행마, 중반전술과 같은 경우에는 문제 장면을 주고, 다음 수로 가장 적절한 수를 찾도록 한 뒤 실패도와 정답도 등을 제시하며 설명을 하는 경우가 많다. 이 경우는 문제풀이라기보다는 이론을 설명하기 위한 모형 제시로서의 성격이 강하다.

예를 보기로 하자.

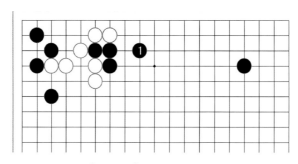

[그림 2-4] 행마에 관한 문제

[그림 2-4]는 흑1로 둔 장면에서 백의 다음 수를 묻는 문제이다. 흑돌의 형태상 급소를 찾는 것이 과제이다.

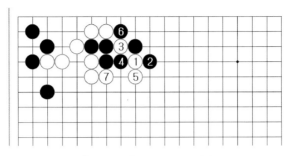

[그림 2-5] 행마 문제의 정해

[그림 2-5]가 이 문제의 정답이다. 백1로 흑의 쌍립되는 곳에 붙이고, 흑2에 젖히면 백
3에 끼워 흑돌을 죄어 붙이게 된다. 이 문제를 통하여 학습자는 쌍립되는 것이 급소라는
점, 백3의 한 점을 희생하여 회돌이를 치는 수단 등 몇 가지 기법을 익히게 된다.

[그림 2-6]은 포석 문제의 예이다. 백이 둘 차례인데, 어디에 두는 것이 가장 좋은 곳
인가를 묻고 있다. 포석 문제는 보통 이 예처럼 특정한 상황에서 백이 둘 차례이고, "어
느 곳이 가장 큰 곳일까요?"라는 질문을 던진다. 앞의 사활문제나 행마문제와는 달리 어
디가 유리한 곳인가를 찾는 것이 과제이다.

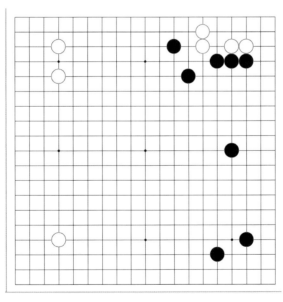

[그림 2-6] 포석 장면의 문제

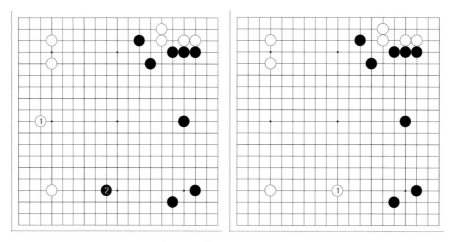

[그림 2-7] 포석 문제의 정해

이런 문제는 통상적으로 [그림 2-7]과 같이 정답도와 실패도를 넣어 설명을 하는 방식을 쓴다. 왼쪽의 백1에 두면 흑2의 양날개 포진이 매우 좋은 곳이다. 따라서 이것을 방지하는 오른쪽의 백1이 정답이 된다. 이 문제풀이를 통하여 학습자는 양날개 포석은 이상형이라는 것, 그것을 방지하는 벌림은 매우 중요하다는 점 등을 배울 수 있다.

이 예는 실전에서 나온 장면을 문제로 제시하고 있다. 이처럼 실제 장면에서 나올 수 있는 기법을 배운다면 학습자들 자신의 실전에서 배운 지식이 적용될 가능성이 높아진다.

그러나 많은 문제들은 실전에서 잘 나타나지 않는 것들이다. 바둑학습자들은 종종 교사나 바둑서적으로부터 배운 지식이 실전 대국에 그다지 활용이 되지 않는 것에 불만을 느끼며, "책에서 배운 대로 두었는데, 상대방이 달리 두는 바람에 소용이 없었다"라고 불평을 하곤 한다. 이처럼 배운 지식이 활용이 안 된다면 그것은 배우지 않은 것과 다름이 없을 것이다.

배운 지식의 활용이 쉽지 않은 이유는 실전대국에서 대국자들이 접하는 상황이 책에서 본 것과 비슷해 보이지만 실제 상황은 훨씬 더 많은 변인들의 영향을 받고 있기 때문이다. 대부분의 이론서에 나오는 문제 장면은 전체적 국면에 대한 고려를 할 필요가 없다거나 있다 하더라도 저술자에 의해 몇 가지 변인들이 통제되어 있는 경우가 많다.

문제풀이법의 효과

1980년대에는 바둑으로 성공하기 위하여 일본으로 유학을 떠나는 청소년이 적지 않았다. 일본이 바둑 기술의 선진국이었기 때문이다. 어린 시절 바둑에 소질을 보인 B군도 어려운 여건을 무릅쓰고 일본으로 바둑유학을 떠났다. B군은 일본에서 프로기사 자격증을 따기 위해 열심히 공부했다. 친구들과 노는 시간도 없이 바둑공부에만 매진했다. 그러나 프로 입단은 쉽지 않았고, 결국 한국으로 돌아오게 되었다.

부모님의 주선으로 B군은 한국의 한 바둑도장을 찾아갔다. 한국의 원생들과 실력을 비교해 보고 그 도장에서 수련을 하여 한국의 입단대회에 출전하려는 것이었다. 도장의 지도사범은 B군에게 어린 원생과 실전대국을 해 보라고 했다.

초반 포석은 B군이 멋지게 짜 나갔다. 일본에서 배운 이론적 지식을 활용해 B군은 초반과 중반전 초기까지 앞서 나갔다. 그러나 중반전 후기부터 B군이 밀리기 시작했다. 결국 그 바둑은 B군의 패배로 끝이 났다. 이어서 다른 원생과 한 판을 더 두었는데, 그 바둑도 비슷한 패턴으로 B군이 패했다.

그 다음날부터 B군은 그 도장에 나가 바둑공부를 했다. 그런데 어찌된 일인지 지도사범은 하루 종일 문제풀이만 계속해서 시키는 것이었다. 특히 사활문제를 많이 풀어보도록 했다. 그리고 저녁 무렵에는 다른 원생들과 실전대국을 하였다.

이런 방식의 수업은 B군에게 낯설었다. 종일 사활문제를 풀어보라고 하니 마음 한편에서는 지겹다는 생각도 들었다. 그러나 B군은 지도사범이 시키는 대로 문제를 풀고 또 풀었다. 한 권을 다 풀고 나면 지도사범은 또 다른 문제집을 주었다.

이렇게 한 달쯤 수업을 하고 난 어느 날, B군은 달라진 자신의 모습에 경이로움을 감추지 못했다. 리그전에서 거의 전패에 가까운 성적을 거두었는데, 점점 승률이 좋아지기 시작한 것이다. 이렇게 몇 개월이 흐르자 그 도장에서 B군은 상당한 강자가 되어 있었다. 리그전표에는 B군의 이름에 ○마크가 가득했다.

B군은 지도사범에게 질문을 던졌다.

"사범님, 저에게 문제풀이만 계속 시키신 이유가 무엇인가요?"

"네 바둑은 전형적인 모양 중심의 바둑이더구나. 심하게 말하면 폼만 그럴 듯하게 잡았지, 실제적인 힘이 부족한 바둑이었다. 그런 바둑은 보기엔 멋있어 보이지만, 실전에서 전투가 벌어지면 단박에 무너지기 쉽다. 그래서 문제풀이를 통해 수읽기를 하고 문제해결을 하는 힘을 키우려고 한 것이다."

B군은 그동안 고수들이 얘기하는 이론에 따라 바둑을 두어왔다는 생각이 들었다. 문제풀이를 하면서 스스로 판단하고 결정하는 힘이 생긴 것을 알 수 있었다.

3) 문제풀이법의 장점과 단점

문제풀이법은 강의법에 비하여 장점과 단점이 있다. 먼저 장점을 보면 다음과 같다.

① 자기주도적인 학습이 가능하다.

② 구체적인 문제를 중심으로 생생한 학습을 할 수 있다.

③ 학습자가 내용을 정확히 이해하고 있는지 판단이 가능하다.

④ 실제로 적용할 수 있는 지식이나 기술을 습득할 수 있다.

문제풀이법은 대개 바둑지도사가 지시적으로 하는 것보다 학습자 본인이 주도하여 진행하는 것이 일반적이다. 물론 바둑지도사가 지시에 맞추어 학습자가 문제풀이를 하는 경우도 있지만, 수업과정을 이끌어가는 것은 학습자 자신이다. 그런 의미에서 문제풀이법은 자기주도적인 학습이라고 할 수 있다.

문제풀이법은 구체적인 문제를 중심으로 수업을 하기 때문에 추상적인 언어적 강의에 비하여 생생한 학습이 될 수 있다. 예를 들어 "끊음수는 상대방의 돌을 분단시켜 둘 중 하나를 공략하자는 수로서, 대체로 전투를 촉발시키는 경우가 많다"라고 설명하는 것보다 실제로 끊음수를 두어야 할 상황에서 문제를 풀어보고, 끊음수에 대한 응수법도 문제풀이로 연습해 보는 것이 더 생생하게 기억될 수 있다. 대부분의 바둑학습자들은 언어로 기술을 설명하는 것보다 문제를 제시하여 풀어보도록 하는 방식을 선호한다.

바둑지도사는 문제풀이를 통하여 학습자가 무엇을 알고 있고, 무엇을 모르고 있는가를 평가할 수 있다. 강의 등을 통해서 가르친 내용을 학습자가 어느 정도 이해하고 있는지를 판단할 수 있는 것이다. 학습자 스스로도 문제풀이를 하여 자신이 기술이나 능력에서 어느 정도인가를 가늠해 볼 수 있다.

문제풀이법은 실전에 나올 법한 모양을 주로 다루기 때문에 실제로 대국할 때 적용 가능한 지식이나 기술을 배울 수 있다는 장점이 있다. 문제풀이를 통하여 연습한 형태 또는 그와 비슷한 모양이 나올 때 대국자는 자연스럽게 배웠던 기술을 연상해 낸다.

이처럼 문제풀이법은 장점이 많지만 다음과 같은 단점도 있다.

① 기억력에 의존하여 해답을 찾는 것에만 집중할 수 있다.
② 공통적으로 적용되는 원리의 탐색을 어렵게 한다.
③ 체계적으로 구성하지 않으면 단순반복에 그칠 수 있다.

바둑 실력 향상을 위하여 문제풀이법은 빼놓을 수 없는 학습방법이다. 일정한 단계까지는 암기와 반복학습을 통해 다양한 형태 지식을 습득하는 것이 중요하다. 그러나 오로지 반복적인 암기 위주의 학습방법만 가지고서는 바둑교육의 강점인 생각의 힘을 키우는 데 지장이 있다. 어린이들이 수많은 반복학습을 통해 많은 문제를 암기했다고 해도 실전에서 비슷한 상황에 직면했을 때 전혀 대응하지 못하는 사실은 이를 잘 나타내고 있는 것이다.

설령 수많은 문제를 풀었다고 해도 아무런 생각 없이 형태 지식에만 의존하여 습관적으로 정답을 맞추어나가는 것만으로는 진정한 실력 향상을 기대하기 힘들고, 이것은 결국 바둑교육을 통한 지능발달의 효과를 어렵게 만드는 요인이 되기도 한다. 왜 이런 모양이 성립되는지 그 원리에 대한 설명을 바둑지도사가 반드시 해주는 것이 중요하다. 원리를 통해 어린이 스스로가 응용력을 갖고 실전에서 문제를 해결할 수 있도록 도와주는 것이 바람직한 교육자의 역할이다. 바둑이론을 아이들이 쉽게 이해할 수 있도록 설명하여 문제풀이를 하면서 자기 것으로 만들고 실전에서 사용할 수 있게 유도하는 것이 문제풀이로 바둑 실력을 향상시킬 수 있는 방법이다.

☙ 읽어보기

바둑고전 〈현현기경〉

우리나라 사람들은 삼국시대부터 바둑을 애호했다고 전해지며, 현대에 이르기까지 바둑에 관한 많은 이야기를 남기고 있다. 그러나 근대 이전에 바둑을 다룬 서지는 발견되지 않고 있다. 바둑을 하나의 여가수단으로만 생각해 내용을 연구하고, 지식을 책으로 남긴다는 생각을 하지 못했던 것 같다.

이에 비하여 중국에서는 고대에도 돈황기경, 망우청락집과 같은 바둑서가 저술되었다. 그중에서도 가장 유명한 책은 원나라 때(1347년) 엄덕보와 안천장에 의해 제작된 〈현현기경(玄玄棋經)〉이다. 이 책은 고급 수준의 바둑실력을 갖추려는 이들이 거의 필수적으로 읽는 고전 명저이다. 〈현현기경〉에 담긴 사활묘수풀이는 현대의 바둑인들에게도 감탄사를 자아내게 한다.

그런데 〈현현기경〉은 단순히 사활문제만을 다룬 것이 아니라 바둑에 관한 논설, 이론, 전략, 포석, 정석, 실전, 문학 등 다양한 내용을 담고 있다. 이 책은 당시까지의 바둑에 관한 내용을 집대성한 고대의 '바둑백과사전'이라고 할 수 있다.

더구나 사활문제에 모두 이름을 붙여 문제들을 식별하기 쉽게 하고 있어 현대의 사활집보다 더 뛰어난 면을 보이고 있다. 즉 〈현현기경〉의 묘수에는 각 문제도마다 다양한 명칭(예를 들면, 群珠勢, 小巧勢 등)들이 붙어 있어 문제를 식별하기가 용이하며 이 명칭들은 문제풀이에 대한 힌트도 겸하고 있다.

〈현현기경〉은 현대에 와서 일본과 우리나라로 전파되었다. 이 책이 우리나라에 활자본으로 처음 소개된 것은 1912년 조선광문회판 최남선 편의 〈기보〉이다. 그 후 월간 〈바둑〉지에도 연재가 되고, 몇 종의 단행본으로도 출간되었다.

옛날 중국에서 이런 바둑서를 낸 것이 우리 한국인에게는 부럽기만 하다. 우리 조상들은 바둑을 즐기면서도 기보 하나 남기지 않았던 반면, 중국에서는 바둑에 관한 다양한 내용, 심지어는 바둑철학에 관한 내용까지 정리를 하여 책으로 출간하였다. 이러한 내용이 오늘날까지 전해지며 바둑사에 도움을 주고 있고, 사활묘수들은 현대의 바둑 팬에게도 유용한 교육자료로 쓰이고 있으니 얼마나 고귀한 서지인가! 〈현현기경〉의 역사적 의미를 새겨볼 때 우리도 바둑에 관한 기록을 남기는 습관을 가질 필요가 있을 것 같다. 바둑교육에 관한 기록은 물론 학습자에게도 자신의 기보를 적어 기록으로 남기는 습관을 심어주면 어떨까.

 학습활동

▌ 활동 1 ▌ 문제풀이의 효과 토론하기　　ACTIVITY

　포석, 정석, 사활, 전투, 끝내기 등 영역별 문제를 선정하여 이러한 문제들을 풀어볼 경우 학습자가 어떤 효과를 얻게 되는지 토론해 보기로 하자.

▌ 활동 2 ▌ 바둑문제 만들어 보기　　ACTIVITY

　4~5명씩 소집단을 이루어 팀별로 바둑문제를 만들어 보기로 하자. 제작한 문제가 무엇을 측정하는지를 생각해 보고 학습자의 기력, 지적 수준 등을 고려하여 바둑문제의 난이도가 적절한지도 검토해 보기로 한다.

3. 실전대국법

▍ 학습목표	1. 실전대국법의 교육적 의의에 대해 설명할 수 있다.
	2. 실전대국법의 장점과 단점을 열거할 수 있다.
	3. 실전대국법 적용 시 유의점을 설명할 수 있다.

학습내용

실전대국이란 실제로 바둑경기를 하면서 기술을 체화시키는 학습법이다. 실전대국은 그 자체를 놀이로서 즐기기도 하는 동시에 학습의 기능도 한다. 이번 장에서는 교육방법으로서의 실전대국법에 대하여 알아보기로 한다.

1) 실전대국법의 정의

실전대국법이란 실제로 바둑을 두면서 기술을 익혀가는 학습법이다. '실전(實戰)'이란 실제로 싸우는 것을 말하며, 대국(對局)은 바둑을 두는 것을 말한다. '대국법'이라는 말만으로도 이 방법의 개념을 나타낼 수 있으나 바둑 분야에서는 '실전대국'이라는 말을 널리 쓰고 있다. 실전대국법은 실제로 경기를 하는 것과 같은 방식으로 대국을 한다는 의미를 담고 있다.

바둑교육을 통하여 바둑의 지식과 기술을 배우는 목적은 실전대국을 잘 하려는 데 있다. 그런데 이것을 하나의 교수방법으로 사용한다는 것은 좀 이상하게 느껴질 수도 있다. 그러나 실전대국은 그 자체가 하나의 효과적인 학습법이다. 실전대국을 하면서 실제로 바둑을 두는 요령이나 바둑기술을 적용해 보는 훈련을 하게 되기 때문이다. 태권도 같은 경기에서도 대련을 통하여 실제 경기와 같은 연습을 하는데, 바둑의 실전대국법은 바로 이와 같이 실제 장면과 같은 상황에서 기술을 연마하는 학습법이다.

바둑은 스포츠게임이기 때문에 대국자가 기량을 겨루어 승패를 가리는 경기적인 요소를 갖고 있다. 이러한 경기적인 요소를 학습을 통해서 실력을 증진시켜 나가는 교육적인 요소와 연결된다. 이 두 가지 요소가 바로 바둑의 매력이자 즐기는 사람들의 욕구를 자극시키는 원동력이다. 바둑을 배우는 것도 곧 실전대국을 잘하기 위해서이기 때문에 여러 가지 바둑 교육법 중에서 실전대국법은 특별한 의미를 지닌다.

바둑교육에서 실전대국법이 흔하게 사용되는 것은 학습자의 요구(needs)와도 관련이 있다. 바둑의 학습자들은 거의 대부분이 강의법보다 실제로 대국하는 것을 좋아하는 경향이 있다. 인간은 게임이나 놀이를 좋아하는 본능이 있고, 실전대국은 이런 본능을 충족시키는 역할을 하기 때문에 아동은 물론 성인들도 실전대국법을 선호한다.

이런 점에서 실전대국법은 실력의 높고 낮음을 막론하고 가장 중요한 학습법이라고 할 수 있다. 실전대국은 초보자부터 전문가인 프로기사에게도 꼭 필요한 학습법이다. 중국의 프로기사 녜웨이핑 9단은 "어떤 기사들이 기보 연구에 대량으로 시간을 소비하며 실전을 소홀히 하는 경우가 있는데, 이것은 본말이 전도된 것이다. 일본 기사들의 감각이 우리(중국기사)보다 더 나은 이유는 그들이 바둑을 더 많이 두기 때문이라고 본다"라고 하며 실전대국의 중요성을 강조한 바 있다.

2) 실전대국법의 특징

실전대국법을 통하여 바둑 학습자들은 실제로 자신이 알고 있는 바둑의 지식과 기술을 적용할 기회를 갖는다. 많은 지식과 기술은 실제로 사용하여 스스로 그 노하우를 축적할 때 진정한 지식이 된다. 이론학습이나 문제풀이를 통하여 습득한 지식은 실전에서의 바둑수의 선택에 절대적인 영향을 주게 되는데, 이러한 실전적 경험을 통하여 이 지식이 학습자에게 체화된다. 실전대국에서 사용되는 바둑지식과 기술의 질은 선행학습을 통해 대국자가 갖고 있는 바둑에 관한 지식의 양과 관계가 있을 것이다. 이러한 선행지식은 실전대국을 통하여 구체적인 상황에 맞는 실제적 지식으로 바뀌게 된다.

실전대국법은 실제로 경기를 하는 것과 똑같이 진행이 되기 때문에 교육방법과의 경계가 모호한 특징이 있다. 예컨대 두 학습자들이 실전대국을 하는 것을 보고 바둑지도사가 잘못된 수를 지적해 주려고 할 때 학습자가 싫어하는 경우가 있다. 피드백을 주면 상대방이 유리해지므로 공정한 경기가 아니라고 보는 것이다. 이런 경우 바둑지도사는 즉각적인 피드백을 주어야 할지, 아니면 대국이 끝난 후 주어야 할지 다소 어려움을 느끼게 된다.

실전대국법은 대국자가 알아서 경기를 하는 식으로 진행되기 때문에 바둑지도사의 역할이 다소 제한적이라는 특징도 있다. 단적으로 말해서 대국을 하도록 내버려 두어도 학습자들이 스스로 대국을 진행할 수 있다. 바둑지도사는 강의를 할 때에 비하여 특별히 개입할 필요가 없으니 시간적으로 여유를 가질 수 있다.

하지만 이 시간을 한가롭게 보내서는 안 된다. 실전대국에 많은 비중을 두는 바둑교육의 특성상 이 시간이 교육적으로 매우 중요하므로 바둑지도사는 대국장면을 관찰하며 특이한 점이나 학습자의 수행을 기록부에 적는다거나 피드백이 필요한 점을 체크한다든지 하는 식으로 적절히 활용할 필요가 있다.

✿ **읽어보기**

소림사 무동의 인간바둑돌

중국 후난성(湖南省) 샹시(湘西) 평황시안(鳳凰縣)에 있는 난팡장청(南方長城)에서는 2년에 한 번씩 격년제로 지상 최대의 바둑쇼가 펼쳐진다. 2003년부터 시작된 이 대국은 한국과 중국의 정상급 기사를 초청하여 "대지에서 바둑을 두고 천하의 자웅을 가린다(棋行大地 天下鳳凰)."라는 주제로 바둑 이벤트 대국의 새로운 획을 그었다.

이 대지 바둑판은 청홍석으로 만들어졌으며 길이는 31.7m, 면적 1천5㎡, 무게 159t로 세계 최대의 규모를 자랑한다. 대국 진행방식은 높은 난팡장청 누각에서 초청된 두 특별기사가 대국을 하면, 361명의 소림사 출신 무동들이 인간바둑돌이 되어 그 바둑을 재현하는 방식으로 진행된다.
2003년 창하오 9단과 이 대결에서 승부를 벌인 결과 승리한 조훈현 9단은 승리 후 소감으로 "열심히 바둑판을 뛰어다닌 백돌에게 감사드린다"라고 전한 바 있다.
이 창의적인 이벤트는 바둑의 정적인 측면과 무예의 동적인 측면을 융합시키기 위해 마련했다고 한다. 바둑돌을 의인화한 이 행사는 바둑의 내용이 동적이라는 것을 보여주고 있다.
난팡장청 무림대결과 같은 참신한 이벤트의 시도는 바둑의 새로운 가능성을 실험했다는 점에서 그 의미가 크다.

3) 실전대국법의 장점과 단점

바둑교육 방법으로서의 실전대국법은 나름대로의 장점이 있다. 이것을 몇 가지 제시하면 다음과 같다.

① 습득한 지식과 기술을 실제로 적용해 볼 수 있다.
② 승부를 겨루는 활동으로 인해 바둑의 즐거움을 느낄 수 있다.
③ 학습자의 총체적인 바둑실력을 진단할 수 있다.

일반적으로 스포츠 종목의 지도자들은 "연습은 실전처럼, 실전은 연습처럼 하라"고 강조한다. 이 말은 실전만큼 좋은 연습이 없다는 의미로 실전을 통한 훈련의 가치와 중요성을 대변해준다.

바둑 역시 예외가 아니어서 훈련과 실전이 깊이 연결되어 있다. 바둑의 실전에는 정석, 포석, 맥, 수읽기, 형세판단, 끝내기 등 학습을 통하여 배운 다양한 내용, 즉 학습재료들이 자연스럽게 등장한다. 실전에서 발생하는 상황과 해결해야 할 과제들은 일부러 지어낸 문제풀이보다 현장감이 있을 뿐만 아니라 실제적 문제해결이 갖는 복잡성으로 인해 난이도가 높아지는 특징이 있다. 예를 들어 실전에 나오는 사활의 문제는 과연 지금 상황이 문제인지 아닌지에 대한 고민으로부터 출발하여 수가 가능한지 아닌지의 여부를 결정짓도록 추궁하며, 어디에 두어 해결할 것인지까지 책임지게 하는 복합적인 과제를 대국자에게 부여한다.

이와 관련하여 교육적 의미에서 실전대국법이 갖는 가장 큰 장점은 학습자가 배운 지식과 기술 등을 생생한 실전적 상황에서 적용해 볼 수 있다는 점이다. 다시 말해서 지식을 전이(轉移)할 기회를 가질 수가 있는 것이다. 학습자들은 단편적으로 배웠던 바둑기술이 실전이라는 맥락에서 어떻게 사용되는지를 깨닫게 됨으로써 실질적인 능력을 쌓을 기회를 얻게 된다.

이러한 경험을 통하여 바둑 학습자들은 강의나 문제풀이 등 다른 교수–학습법에서 습득하지 못한 능력을 얻게 된다. 실전을 통해 경험하는 성공과 실패의 과정들은 머릿속에 깊이 각인된다. 특히 중요한 장면에서의 실수가 뼈아픈 패배로 직결되었다면 평생 잊히지 않을 기억이 될 것이다. 이런 점에서 실전에서 맞닥뜨리는 문제들은 그야말로 살아

숨 쉬는 학습재료라고 할 수 있다.

또한 실전대국법은 동기적인 측면에서도 유익하다. 바둑 학습자들은 실전대국을 하는 데서 즐거움을 느끼고 승부의 묘미도 체험하게 된다. 흔히 바둑은 대국자는 물론 구경꾼까지 몰입시키는 대단히 흥미진진한 게임이라고 알려져 있다. 실전대국을 통해 이러한 재미를 체험하게 되니 실전대국법은 즐거운 교육, 즉 에듀테인먼트라고 할 수 있다. 이러한 재미는 학습자들이 바둑학습을 지속하게 하는 동력이 된다.

바둑교사의 입장에서는 실전대국이 학습자의 총체적인 바둑능력을 평가할 수 있는 기회를 얻는 의미가 있다. 바둑실력을 평가하기가 쉽지 않은 현실에서 바둑지도사는 학습자의 대국 내용이나 결과를 통해 실력을 가늠할 수 있는 것이다. 실전대국 결과에 따라 학습자의 기력을 진단할 수 있으며, 실전 장면의 수행을 보고 학습자가 기술적 지식을 이해하고 있는지를 판단할 수도 있다.

물론 실전대국법이 무조건 좋은 것은 아니다. 다른 교육방법과 마찬가지로 실전대국법도 단점을 지니고 있다. 그 단점은 다음과 같다.

① 수업시간의 많은 부분을 요하여 학습의 밸런스가 무너질 수 있다.
② 지식과 기술이 미비한 상태에서 두다가 어려움을 느낄 수 있다.
③ 승패에 따라 스트레스를 받거나 자신감을 상실하는 경우가 발생한다.

실전대국법에서 좋은 학습재료들이 등장한다고 했으나 실전대국법은 바둑교육에서 시간적으로 많은 비중을 차지하기 때문에 다른 측면의 학습을 어렵게 하는 원인이 될 수 있다. 영어, 수학 등 다른 부문의 학습과 비교해 보면, 바둑교육은 실전대국 중심이 되어 상대적으로 지식을 많이 배울 기회가 줄어드는 것이다. 예를 들어 1시간 수업에서 15~20분 강의를 하고 나머지 시간을 실전대국에 할애한다고 하면, 학습자들은 다른 분야의 수업에 비하여 이론적 지식을 습득할 기회가 상당히 적다는 것을 알 수 있다.

초보자의 학습과 관련하여 실전대국법은 아직 실전을 제대로 하기에는 지식과 기량이 부족한 상태에서 대국을 많이 하게 함으로써 어려움이나 좌절감을 느끼게 할 가능성이 있다. 바둑규칙 몇 가지를 배운 상태에서 실전대국을 하다가 자신의 돌이 계속 잡혀 버린다든지 하면 학습자는 자신감을 상실할 수도 있다.

실전대국법에서는 경기의 승패가 결정되는 점 때문에 패배한 학습자는 심리적으로 스트레스를 받거나 언짢은 기분이 될 수 있다. 게임의 승부에서 패했을 때 일시적이기는 하지만 대부분 분한 감정을 갖기 쉽다. 축구와 같은 경기에서는 관중들이 패배에 흥분하여 난동을 부리기도 한다. 바둑에서는 패배로 인한 감정 표출이 금지되어 있지만 학습자가 유쾌하지 않는 기분을 느낄 수 있다.

따라서 바둑교육에서는 일반적인 수업과는 다른 이러한 측면으로 발생하는 심리적 문제를 적절히 해결해 줄 필요가 있다.

4) 지도대국 방법

실전대국법의 색다른 형태로 '지도대국법'을 들 수 있다. 지도대국은 기력이 강한 사람이 자신보다 낮은 기력의 사람을 가르쳐주는 목적으로 두는 바둑을 말한다. 바둑지도사가 자신이 가르치는 학습자에게 직접 실전대국을 하며 지도를 하는 경우가 이에 해당한다.

이러한 지도대국은 프로기사나 아마추어 고수들의 바둑지도에서 매우 흔하게 사용되어 온 방식이다. 개인지도를 할 경우 한 판 지도대국을 하고 나서 복기를 해 주는 것이 바둑에서 일반적으로 쓰는 지도법인 것이다.

지도대국을 하면 학습자의 실력을 정확히 파악하여 생생한 피드백을 제공할 수 있다는 장점이 있다. 또한 대국을 통하여 학습자와 무언의 의사소통을 할 수 있고 심리적으로 가까워지는 부수적인 효과도 얻을 수 있다. 하지만 다수의 학습자가 있을 때 특정한 학습자와 지도대국을 하고 있으면 다른 학습자를 지도할 수 없다는 문제점이 있다.

학습자들이 다수일 경우에는 1 대 5나 그 이상으로 대국을 할 수 있다. 이런 바둑을 흔히 '다면기(多面棋)'라고 한다. 다면기는 1명의 교사가 다수의 학습자를 상대로 지도하게 해 주는 방식으로서, 보통 바둑대회의 부대행사로 프로기사를 초청해 이벤트로 진행하는 경우가 많다. 그러나 바둑교육을 할 때도 유용한 교수법이 될 수 있다.

그런데 교육장면에서는 시간이 오래 걸리기 때문에 일반적인 너무 많은 인원을 상대로 다면기를 하는 것은 무리가 있다. 다면기는 1 대 2로 하는 경우도 있고, 1 대 4나 1 대 7~8명 정도로 지도사의 역량에 따라 다면기의 대상 수를 늘릴 수도 있다. 그러나 바둑교육현장에서 다면기를 할 때는 1 대 2나 1 대 4 정도로 지도대국을 하는 것이 바람직하며 다른 학습자들은 경기장면을 구경하도록 하는 것이 낫다.

[그림 2-8]은 1 대 4로 지도대국을 하는 모습이다. 이처럼 지도대국 상대가 4명이나 그 이하인 경우 지도사가 앉아서 대국할 수가 있다.

[그림 2-8] 1 대 4 다면기

이처럼 다면기 지도를 할 때 다른 학습자는 그 바둑을 구경하도록 하는 것도 나쁘지 않다. 바둑에서는 타인의 대국을 구경하는 것, 즉 '관전(觀戰)'도 일종의 학습이다. 남의 바둑을 구경하는 것도 재미가 있어 사람들은 몰입을 하곤 하는데 바둑교육에서도 이것을 적당히 섞어서 쓰면 나쁘지 않을 것이다.

1 대 1 지도대국이나 다면기는 학습자가 많지 않은 소집단 교육일 때 유력한 교수방법이다. 바둑지도사는 지도대국을 하면서 학습자의 실력을 정확히 진단할 수 있고 복기를 통하여 많은 부분을 지도해 줄 수 있다.

하지만 학생 수가 늘어날수록 바둑지도사는 단편적인 장면을 보고 감각에 의존하여 대국을 진행해야 하기 때문에 바둑 내용의 질은 떨어질 수밖에 없다. 따라서 학습에 참여하는 학생의 수를 고려하여 다면기를 사용할 것인지를 신중히 검토할 필요가 있다.

5) 실전대국법의 활용

바둑교육에서 실전대국법은 거의 필수적인 교수-학습법으로 사용되고 있다. 실전대국법을 반드시 써야 한다고 주장한 학자나 교육가가 없음에도 불구하고 바둑을 가르치는 지도사들은 누구나 이 방법을 약방의 감초처럼 사용하고 있다. 그러나 앞에서 살펴본 것처럼 실전대국법도 장점과 단점이 있기 때문에 바둑지도사들은 적절하게 사용하도록 해야 한다. 학습자들이 실전대국을 좋아한다고 해서 적당히 경기를 하도록 하는 식으로 해서는 일종의 놀이경험을 하는 수준에 그칠 가능성이 있다.

실전대국법을 적용할 때는 다음과 같은 점을 유의할 필요가 있다.

첫째, 지식이 부족한 학습자가 인지적 부담을 느끼지 않도록 해야 한다. 돌을 단수하여 따내는 기술 정도를 익힌 초보자에게 19줄 바둑판에서 끝까지 두도록 하는 것은 학습자에게 많은 부담을 줄 수 있다. 9줄이나 13줄 바둑판을 사용하여 그런 부담을 줄여주거나 끝까지 두지 않고 적당한 수준에서 연습을 하는 것으로 조절을 할 필요가 있다.

둘째, 이론학습과 연계가 되도록 할 필요가 있다. 일반적으로 바둑교육에서 기술에 관한 강의와 실전대국은 별개의 차원으로 행해지는 경향이 있다. 다시 말해서 강의를 통해 배운 지식과 실전대국에서 사용하는 기술이 서로 연결이 되지 않는 것이다. 그 이유는 바둑교육의 경우 기본적인 기술이나 능력을 갖추지 않고 곧바로 게임을 시키기 때문인데, 이론과 실전이 분리되어 진행될 경우 학습자들은 인지적으로 모순을 느낄 수 있다. 따라서 실전대국에 관한 피드백을 줄 경우에도 가급적 학습자가 배웠던 지식을 상기시키며 그 지식의 맥락에서 설명을 하도록 하는 것이 좋다.

셋째, 실전대국을 할 때 학습자의 학습행동을 면밀히 관찰하고 기록하라는 것이다. 바둑 학습자들이 실전대국을 좋아하고, 그래서 실전대국법을 비중 있게 사용하고 있으니, 이 시간을 교육적으로 의미 있게 만드는 것이 필요하다. 몇 가지 체크리스트를 담은 관찰기록부를 들고 체크를 하며 실전대국을 진행시키도록 한다.

넷째, 실전대국 과정에서 나온 유익한 기술 자료를 기록하여 피드백을 제공하는 것이 효과적인 방법이다. 실전대국을 할 때 학습자들은 특별한 바둑모양을 창조해 내는 경우가 많다. 이때 교사는 "아, 이 모양은 모두에게 보여주는 것이 좋겠구나!" 하는 생각을 한다. 이럴 경우 그 모양을 기록하여 나중에 마무리를 할 때 설명해 주거나, 또는 차시 수업에서 강의자료로 쓴다면 학습자들에게 매우 유익한 학습이 될 것이다.

실전대국을 할 때 특정 장면을 기록하는 것이 문제인데, 요즘은 대부분 스마트폰을 휴대하고 있으니 이런 장면을 찍어두는 것은 어려운 일이 아니다.

[그림 2-9]는 성인 학습자들의 실전대국을 스마트폰으로 찍은 것이다. 포석 장면인데 이 모양을 보고서 학습자들에게 가르쳐 줄 점이 있다고 한다면 이 장면의 사진을 찍어 두는 것이 유용한 자료가 된다.

[그림 2-9] 실전대국 장면의 사진

　다섯째, 지도대국법을 종종 사용하여 학습자의 실제적인 능력과 문제점을 체크하고 동기유발도 하도록 한다. 지도대국은 다수의 학습자가 있을 경우 자주 쓸 수는 없지만 다면기 등의 방식으로 실전대국 시간에 시도할 수 있다.

시각장애인의 실전대국

눈이 보이지 않는 시각장애인도 바둑을 둘 수 있을까? 바둑을 두려면 바둑판의 상황을 눈으로 확인해야 하기 때문에 시각적으로 장애가 있다면 바둑경기를 하기가 어려울 것이다. 그러나 실제로는 시각장애인도 바둑을 둔다.

시각장애인을 위한 바둑대회가 열리고 있고, 일본 같은 경우 바둑을 배우는 맹학교도 늘어나고 있는 추세이다.

시각장애인들은 눈으로 바둑돌 모양을 식별할 수 없기 때문에 특수한 바둑용구를 사용한다.

A형   B형

시각장애인용 바둑판과 바둑돌에는 두 종류가 있는데, A형은 왼쪽 그림처럼 바둑판의 파여진 홈에 바둑돌을 단순히 끼워 넣는 방식이다. B형은 가로, 세로로 파인 얇은 홈에 바둑돌을 맞추어 고정시키는 방식이다. 돌이 잘 빠지지 않고 견고한 B형이 더 편리한 방식이라고 할 수 있다.

시각장애인 바둑 팬들은 손으로 바둑돌 모양을 식별하는 방법을 쓴다. 흑돌과 백돌이 약간 다르게 제작되어 있어 손으로 만져보아 구별하는 것이다. 이렇게 손으로 만져보고 바둑판 전체의 모양을 판단하는 것이 쉽지 않은데 시각장애인 바둑선수 중에는 아마추어 5단의 기력을 보유한 사람도 있다.

바둑판의 상황과 형태를 볼 수 없는 시각장애인이 많은 노력에 의해 이런 정도의 실력을 구사하는 것을 보면 인간의 힘은 위대하다는 느낌을 받는다. "불가능은 없다"라고 외치며 험준한 알프스를 넘은 나폴레옹처럼 인간은 노력에 의해 불가능에 가까운 일들을 극복해 내는 능력이 있다.

 **학습활동**

▎활동 1 ▎ 다양한 바둑 두어보기　　　ACTIVITY

　바둑에는 맞바둑부터 2점부터 9점까지 치수를 두는 접바둑, 두 명씩 팀을 짜서 두는 페어바둑, 3인 1조로 초반, 중반, 종반을 맡아 겨루는 릴레이 바둑에 우리나라 고유의 순장바둑까지 다양한 형태의 바둑이 있다. 조원들과 함께 팀을 나누어 다양한 바둑을 두어보고 느낌을 이야기해 보도록 하자.

▎활동 2 ▎ 실전대국의 효과 분석하기　　　ACTIVITY

　두 명씩 대국상대를 정하여 실전대국을 하고 난 후, 그 대국을 통하여 배우게 된 점들을 기술해 보기로 하자. 아울러 실전대국 장면에서 궁금한 점이나 특별했던 점도 적어서 함께 토론해 보기로 하자.

4. 복기법

학습내용

복기는 실전대국을 하고 난 후, 그 바둑을 돌이켜 보는 것으로서 교육적으로도 효과가 큰 방법이다. 보통 프로기사 등 고수들이 개인지도를 할 때 많이 쓰는 방법이며, 실전대국을 하고 난 후, 실시되는 경우가 많다. 이 장에서는 바둑교육 방법으로서의 복기법에 대하여 알아보기로 한다.

1) 복기법의 정의

복기(復棋)란 이미 두어진 바둑의 수순을 돌이켜보며 바둑수를 검토하는 것을 말한다. 실전과 병행하여 지나온 수순들을 되짚어가며 과거의 상황에서 최선의 수를 찾고 잘잘못의 원인과 결과를 분석하는 교육방법으로 실전과 학습이 융합된 독특한 형태의 학습법이다. 즉, 대국 중에 두어진 수들 중에서 주로 잘못 두어진 수를 중심으로 교사가 설명을 해 주는 실전 트레이닝 방법을 말한다.

복기는 그 속성상 자연히 교육적인 성격을 띤다. 자신이 수행한 것을 되돌아보며 잘못한 내용을 반성하는 활동이기 때문이다. 실제로 지식을 적용해 보고 나서 스스로 피드백을 받는 훌륭한 공부가 된다.

복기는 바둑 분야의 독특한 관행이며 다른 분야에서 모방하려고 하는 좋은 관습이기도 하다. 정부의 정책이나 기업의 경영에 관하여 "바둑에 비유하면 복기를 하지 않은 것과 같다"와 같은 표현을 쓰기도 한다. 복기를 하여 잘못 수행한 점을 반성하면 다음에 시행착오를 줄일 수가 있다는 뜻이다.

복기법은 대체로 토론을 통해 이루어지는 경우가 많다. 교사가 학습자의 바둑을 설명하듯 복기를 해 줄 수도 있지만, "이 수는 어땠을까?"나 "여기서는 이렇게 두는 것이 좋지 않았을까?" 하며 참석자들의 의견을 구하고 토론하는 방식을 택한다. 프로기사들도 최근의 주요 대국을 공동연구할 때 이와 같은 토론 방식으로 복기를 한다. 이렇게 토론을 하는 것은 타인과의 커뮤니케이션을 하는 스킬을 기를 수 있고, 다른 사람의 생각에 대한 판단력도 기르는 등 부수적인 교육효과를 가져다준다.

2) 복기법의 특징

복기는 실전대국 후에 진행되는 것이 보통이다. 이렇게 실전과 연계된 바둑학습에서 효과적인 점은 학습자의 취약점을 지적하여 곧바로 피드백을 제공한다는 것이다. 학습자는 자신이 직접 경험한 장면을 통하여 잘못을 범한 점, 잘 몰랐던 점 등을 설명 받기 때문에 취약점을 빠르게 교정할 수 있다. 성인 바둑 팬 등 학습자 중에는 실전을 하고 나서 복기하는 것을 싫어하는 사람도 있는데, 학습의 측면에서는 복기하지 않고 계속 두는 것은 동일한 시행착오를 반복해서 범하게 할 가능성이 많다.

자신이 둔 바둑을 기록해 두어 나중에 두고두고 복기하는 것은 더욱 효과적인 학습법이다. 중국의 유명 프로기사 녜웨이핑 9단은 자신이 둔 기보를 수개월이 지난 후 다시 복기해 보고 대국 당시는 발견하지 못했던 좋은 수를 발견한 적이 있다고 한다. 아마추어 바둑 팬들은 자신의 기보를 적어두지 않기 때문에 이렇게 훗날 복기를 해 보는 것은 어렵지만, 만일 자신이 둔 바둑의 기보를 적어둔다면 이와 같이 두고두고 복기해 보는 것도 가능할 것이다.

자신의 기보를 상수에게 보여주며 의견을 듣는 것이 어떤 의미에서 가장 효과적인 학습법이라고 할 수 있다. 일본의 유명 프로기사 사카다 9단 역시 기력 향상의 길을 논하면서 복기의 의미에 대하여 이렇게 말했다.

> "자신이 둔 바둑을 후에 연구해 본다든지, 자기보다 상수에게 보여 결점을 지적해 달라는 것이 대단히 유효하다. 자기가 둔 바둑을 외우고 있지 않는 사람이 있는데 그것은 신중히 두지 않은 증거다. 타인의 의견을 들으려고도 하지 않고 혼자 잘난 체하는 것은 말하자면 우물 안의 개구리로서 아무리 해도 생각은 좁고 얕아지고 만다."

사카다 9단은 복기가 매우 효과적인 학습법임을 강조하고 복기를 통하여 타인의 의견을 들으려고 하지 않는 것은 편협한 자세라고 비판을 하고 있다. 이렇듯 복기의 중요성과 효과성에 대해서는 많은 프로기사들이 인정하고 있다.

보통 복기는 교사의 설명을 이해할 수 있을 정도의 기력을 가진 학습자에게 사용하는 것이 보통이다. 너무 어린 아동 학습자나 기력이 낮은 학습자에게는 사용하지 않는 것이 좋다. 한편 바둑 실력이 센 학생들이 모여 있는 전문바둑도장에서는 바둑사범이 여러 명의 수련생과 함께 복기하는 방법을 사용한다. 복기는 프로기사들이 공동으로 바둑수를 연구하는 데도 흔하게 사용된다. 프로기사들의 연구모임에서는 대부분 최신 기보를 모임 참여자들이 함께 분석하는 식으로 연구를 한다.

[그림 2-10]은 이창호 9단과 남녀 청소년 프로기사들이 복기를 하는 모습이다. 기사들은 이런 식으로 4~8명이 소집단을 이루어 실전대국 기보나 특정한 장면의 기술에 관한 연구를 한다. 이와 같은 연구 모임을 통해 <한국형 정석> 등과 같은 특별한 바둑서가 출간되기도 한다.

[그림 2-10] 프로기사들의 복기 장면

이러한 연구방식은 일종의 '협동학습'이라고 할 수 있다. 협동학습은 학교 수업에서 종종 사용하는 교육방법으로서 교과에 대한 태도, 정신건강, 동료에 대한 친밀감과 믿음, 자아존중감 등 정의적 영역에 긍정적 효과가 있다고 한다. 여러 연구에 의하면 협동학습이 경쟁학습과 개별학습에 비해 학업성취 효과가 큰 것으로 분석되었으며 모든 연령과 모든 교과에서 개념획득, 문제해결, 운동기능, 판단력 등을 포함한 과제해결 능력에서 협동학습이 더욱 효과적인 것으로 나타났다. 동료들과의 복기는 사회적 유대감을 강화하면서 타인의 의견을 듣고 토론을 하며 정보를 효과적으로 얻는 방식이라고 할 수 있다.

☞ **읽어보기**

기업에서도 복기가 필요하다.

바둑의 복기는 다른 분야에도 응용이 되고 있다. 기업이나 국가경영에서 복기의 습관을 들이면 유익한 효과를 거둘 수 있다. 무엇보다도 비슷한 잘못을 되풀이하는 어리석음을 피할 수 있다.

김순택 전 삼성미래전략실장은 "똑같은 실수를 피하려면 바둑 두는 프로기사처럼 복기를 하라"고 권한다. 그는 아인슈타인의 "세상에서 가장 어리석은 짓은 같은 일을 몇 번이고 되풀이하면서도 매번 다른 결과를 소망하는 것"이라는 말도 소개하며 기업의 업무에서도 바둑처럼 복기를 해야 한다고 강조한다.

사실 사람들은 똑같은 시행착오를 되풀이하는 습관이 있다. 역사는 되풀이된다는 말처럼 과거의 잘못된 패턴을 재현하는 것이다. 시행착오를 여러 번 겪고서야 반성을 하지만 이미 때는 늦은 수가 많다. 또한 비슷한 실수 패턴을 극복하지 못하는 사람도 있다. 소매치기로 형을 받고 나왔다가 또다시 남의 주머니를 슬쩍 하여 감옥으로 들어가는 경우가 드물지 않다.

시행착오나 실수 패턴을 줄이려고 한다면 복기를 하는 것이 분명 효과가 있을 것이다. 자신이 행한 것을 되돌아보며 악수나 실수 등을 찾아내 그것을 고친다면 시행착오의 확률이 줄어들 것이기 때문이다.

언젠가 바둑교실협회장과 바둑교육 운영에 관한 상의를 한 적이 있다. 예전에는 학원 수강생들이 넘쳐 호황을 누렸는데 지금은 문을 닫는 곳이 속출한다고 걱정했다. 이에 바둑교실 원장들이 학원운영에 관한 복기를 하여 한 달에 한 가지씩 개선해 왔다면 어떻게 됐을까 하고 물어봤다. 1년이면 12가지가 바뀌고 10년이면 120가지가 바뀌어 지금과는 전혀 다른 상황이지 않을까.

이 일화처럼 기업경영이나 개인생활에서도 월 1회씩 복기를 하여 문제점을 분석해 보라. 크든 작든 한 달에 한 가지씩 개선한다면 실패의 가능성을 크게 줄여 위기관리에 도움이 될 것이다.

복기는 실력을 늘리는 데도 도움이 된다. 자신이 수행한 것을 돌아보며 무엇이 악수였고 패착이었나를 살펴보는 과정에서 많은 것들을 얻게 된다. 직원들의 업무수행 능력이나 학생들의 학교 공부 등에서 복기를 하면 어떤 교육 못지않은 효과를 거둘 수 있다.

[정수현의 '바둑경영'에서, 이코노미스트지 칼럼]

3) 복기법의 장점과 단점

교육방법으로서의 복기법에는 다음과 같은 장점이 있다.

① 자신이 둔 바둑을 제대로 평가할 수 있는 기회가 된다.
② 실수나 패착 등 잘못 둔 수를 확실하게 교정 받을 수 있다.
③ 승패로 인한 감정을 씻고 구도자의 자세가 된다.

최근에는 복기의 장점이 널리 알려져 바둑계를 넘어 사회 전반에 걸쳐 복기의 가치가 인정받고 있는 추세이다. 다른 동적(動的)인 스포츠에도 경기가 끝난 후 동영상을 반복 재생하며 훈련 학습하는 방법은 예전부터 존재해 왔지만 바둑처럼 기억, 기록되어 있는 수순을 되돌아보는 교육법에는 비할 바가 아니다. 기보(棋譜)와 대국자의 기억을 통해 지나간 수순과 문제점을 일일이 해부할 수 있는 신기한 존재이다.

형태는 약간 다를 수 있으나 여러 대기업에서는 동일한 시행착오를 피하기 위한 대안으로 복기를 직원들의 업무 코칭 방법으로 권장하고 있으며, 정치를 비롯한 여러 분야에서도 바둑의 복기와 같은 반성과 성찰을 요구하고 있다. 방송에서는 사회의 어떤 사안을 얘기할 때 "바둑처럼 복기를 해야 한다. 그렇지 않으면 또 똑같은 사건이 벌어질 수 있다"는 식으로 비평을 한다.

실전대국이 끝난 후, 상대방과 내가 머리를 맞대고 서로가 둔 수의 잘잘못을 분석해 보는 복기는 자신이 실제로 행한 바둑에 대한 분석이 되기 때문에 학습자에게 생생한 현장학습이 된다.

또한 복기는 기력 향상의 효과와 함께 바둑의 멋을 고양시켜 주는 효과가 있다. 쌍방이 적이 되어 혈전을 벌이고 난 뒤 패자는 분함을 삭이며 승자는 승리에 들뜬 기분을 가라앉히며 바둑수를 논하는 모습은 다른 승부에서는 좀처럼 보기 힘든 광경이다. 승부에서 진 쪽은 누구나 분한 기분을 억제하기 어렵지만 복기를 하다 보면 어느새 그런 기분은 눈 녹듯 사라지고 바둑수를 탐구하는 구도자의 자세가 된다. 복기가 갖는 이러한 긍정적인 면을 살리며 실착과 패착을 교정 받는다면 학습효과는 배가될 것이다.

한편 복기법에는 다음과 같은 문제점 내지 단점도 있다.

① 수순을 기억하지 못하면 복기가 불가능하다.
② 실력이 비슷할 경우 잘못 둔 수를 발견하기 힘들 수 있다.
③ 수의 선악판단에 관한 차이로 인해 다툼이 발생할 수 있다.

복기법은 일단 상내방과 내가 두어간 일련의 수순을 기억해 내야만 가능한 학습방법이다. 모양을 똑같이 재현되었다고 하더라도 수순이 뒤바뀌어 있으면 바둑의 의미가 달라질 수 있으므로 착수의 순서를 정확히 하는 것이 중요하다.

종료된 바둑을 되짚어보면 패인과 승인이 눈에 보이는 경우가 많다. 그 당시에는 승부에 집착해 보이지 않았던 것이 이미 승부가 종료되고 나면 결과론적인 시야로 보게 되는 것이다. 하지만 엇비슷한 실력의 사람끼리의 복기에서는 수를 찾아내는 것에 한계가 있다. 그래서 가장 좋은 방법은 내가 둔 바둑을 상수에게 검토를 받는 방법이다.

비슷한 실력의 사람끼리 복기를 하다 보면 단순한 기풍(棋風) 차이에서 나타나는 선택의 장면에서도 실랑이가 벌어질 수 있는데, 이럴 때에는 서로의 의견을 존중하며 배려하는 자세가 필요하다.

4) 복기법의 활용

바둑교육에서 복기법을 어떻게 활용하는 것이 좋을까? 프로기사를 지망하는 원생 수준의 학습자나 고급 수준의 아마추어 바둑 팬을 지도할 때 복기법을 필수적으로 사용하면 된다. 이들에게는 실전대국이나 지도대국을 하고 난 후 복기를 해 주는 식으로 하면 된다.

그러나 기력이 낮은 학습자를 대상으로 하는 교육에서는 복기법의 활용에서 유의해야 할 점이 있다. 입문자나 초급자를 가르치는 바둑지도사들은 아예 복기를 도입할 생각을 하지 않는 경향이 있는데, 그 이유는 이 학습자들이 복기를 할 기력 수준이 아니라고 보기 때문이다. 하지만 초급자라고 해도 그 수준에 맞는 내용으로 복기를 한다면 소기의 성과를 거둘 수 있다.

기력이 낮은 학습자를 가르칠 때의 복기법에 관해서는 다음과 같은 점을 고려할 필요가 있다.

첫째, 기력을 고려하여 복기할 수순을 적당히 조절한다. 초반부터 시작하여 30수 또는 50수 등과 같이 양을 조절하여 복기를 한다.

둘째, 중요하고 이해 가능한 수를 두세 가지 지적하도록 한다. 낮은 기력의 학습자에게 너무 많은 수들을 지적해 주면 부담스러워 하고 그 수들을 기억하지도 못한다.

셋째, 학습자로 하여금 복기에서 지적한 내용을 간단하게라도 적어보도록 유도한다. 복기를 통하여 배우는 내용도 강의나 문제풀이 등을 통하여 배우는 지식과 같으니, 말로 설명하고 지나가면 망각해 버릴 가능성이 있다. 따라서 복기에서 배운 지식을 노트에 정리하여 명료하게 기억하도록 하면 효과적이다.

넷째, 복기를 할 때 일방적으로 설명하는 것보다 학습자와 상호작용하며 의견을 교환하도록 한다. 바둑지도사가 학습자보다 기력이 높기 때문에 복기에서 "여기서는 이렇게 두는 것이야"라는 식으로 지시적 피드백을 주는 것은 강의와 비슷한 방식이다. 이보다는 학습자의 수에 관한 생각과 판단을 물어보며 상호작용하는 쪽이 더 바람직하다.

복기법에 관한 다양한 견해

프로기사들의 바둑공부는 실전을 제외하면 90%가량이 복기로 이루어진다고 한다. 그 이유는 기력향상 및 유지에 복기만한 공부가 없기 때문이다. '공부벌레'로 소문난 Y9단은 복기에 대해 이렇게 말한다. "반드시 다음 수를 놓아보기 전에 나라면 어디를 둘 것인가를 생각하는 습관을 들여야 한다. 틀리면 왜 틀렸을까를 생각할 것. 그저 무의식적으로 반상에 돌을 늘어놓는 것은 팔운동에 불과하다."

한편 바둑강사로 활동하는 H6단은 다음과 같은 요령을 제시한다.

"끝까지 놓아보려 욕심을 부리지 마라. 처음에는 30수가량 늘어보는 것으로도 충분하다. 다음엔 50수, 또 다음엔 70수. 어차피 후반은 실전에서도 거의 만나기 어려운 변화들인 데다 수를 찾기도 힘들어 상당한 인내를 요한다. 특히 초반을 강조하는 것은 바둑을 두는 데에 가장 중요한 '돌의 방향'에 대한 올바른 감각을 키워주기 때문이다."

L아마5단은 독특한 공부법으로 효과를 거둔 사람이다. L씨의 공부법은 이른바 '연상기억법'으로 프로의 명국을 30여 수 언저리까지 두어보며 암기한 뒤, 시간 나는 대로 이를 머릿속에 떠올려보는 방법이다. 처음에는 10여 수 정도로도 벅차겠지만 차츰 관록이 쌓이면 30수가 아니라 50수 이상도 가능해진다고 한다. L씨는 이 방법으로 힘들었던 아마5단의 관문을 무난히 돌파할 수 있었다.

한편 중견기사 Y8단은 '5단계 복기방법'을 강조한다. 이것저것 중구난방으로 놓아보는 것보다는 하나의 기보를 가지고 최소한 다섯 번 정도는 복기해 봐야 뚜렷한 효과를 볼 수 있다는 것이다. 1단계에서는 부담 없이 놓아보며, 전체적인 흐름을 파악한다. 2단계에서는 '과연 왜 이곳에 두었을까'하고 생각하면서 또 한 번 복기해 본다. 3단계에 이르면 비로소 참고도와 해설을 꼼꼼히 챙기며 연구다운 연구에 들어간다. 4단계에서는 자신이 생각한 것과 실전을 비교, 검토한다. 이 단계에 다다르면 기보 하나가 통째로 머릿속에 조각칼로 음각하듯 새겨지게 된다. 최종 5단계는 책을 내려놓고 외워서 복기를 해 보는 코스이다.

이런 사례들을 보면 복기를 활용하더라도 사람마다 약간씩 다른 방법으로 적용하고 있다는 것을 알 수 있다. 공통점은 바둑의 내용을 깊이 있게 음미하면서 다양한 기술을 흡수한다는 사실이다.

 **학습활동**

┃ 활동 1 ┃ 실전대국 후 복기해 보기　　　ACTIVITY

　학급 동료들과 실전대국을 한 후, 팀별로 복기를 해 보기로 한다. 복기를 통하여 얻게 된 점을 노트에 정리하여 복기의 효과를 토론해 보기로 하자.

┃ 활동 2 ┃ 일상생활에 복기법 적용　　　ACTIVITY

　자신의 생활이나 활동에서 수행한 일이나 사태를 대상으로 하여 복기하듯 돌이켜보며 문제점을 분석해 보기로 한다.

5. 기보감상법

▌ 학습목표	1. 기보감상법의 교육적 특징에 대해 설명할 수 있다. 2. 기보감상법의 장점과 단점을 지적할 수 있다. 3. 효과적인 기보감상법을 설명할 수 있다.

학습내용

기보(棋譜)란 두 대국자가 둔 바둑의 진행을 순서대로 기록한 것이다. 기보감상은 주로 고수들이 둔 바둑의 기보를 한 수 한 수 음미하면서 감상하는 것을 말한다. 이 장에서는 바둑교육 방법으로서의 기보감상에 대하여 알아보기로 한다.

1) 기보감상법의 정의

기보는 바둑의 수순을 기록해 둔 기록으로서 음악에 비유하면 악보와 같은 것이다. 통상적으로 프로기사들이 두는 공식대국은 진행과정을 수순에 따라 기록해 둔다. 또한 아마추어 바둑 팬들도 자신의 바둑을 기록해 둘 수 있다. 우리나라의 바둑 팬들은 자신의 바둑을 기보로 적어두지 않는 편이지만 서양의 바둑 팬 중에는 기보를 적어 두는 사람이 적지 않다.

기보는 바둑경기의 흐름을 기록한 것으로 바둑에서만 볼 수 있는 독특한 기록물이다. 물론 다른 스포츠에도 기록지가 있기는 하지만 결과에 중점을 둔 기록이지 그 과정을 일일이 기록한 것이 아니다. 바둑경기는 바둑수의 수순 속에 그 진행과정이 포함되기 때문에 간단한 기보 하나로 한 판의 과정을 기록해 둘 수 있다.

이러한 기보를 통하여 학습을 하는 방법이 '기보감상법'이다. 기보감상이란 문자 그대로 바둑의 수순을 기록해 둔 기보의 내용을 감상(鑑賞)하는 것이다. 기보를 한 수 한 수 음미해가며 그 과정을 되짚어 봄으로써 수마다의 의미는 물론 승인과 패인을 분석하는 공부방법이라고 할 수 있다. 기보의 수순을 놓아가며 그 의미를 감상하게 되면 고수들의 예풍(藝風)을 맛볼 수 있을 뿐만 아니라 그 자체가 훌륭한 기력 향상법이 된다.

그래서 일정한 기력 수준에 이른 사람들은 기보를 많이 감상해 본 경험을 갖고 있다. 도사쿠, 슈사쿠 명인과 같은 옛날 명인들의 기보에서부터 현대 기사에 이르기까지 많은 고수들의 기보를 놓아 본 적이 있을 것이다. 대부분의 바둑고수들은 이론서를 읽고 문제를 풀어보는 학습법과 함께 기보를 놓아보며 실력을 쌓은 경험이 있다. 프로기사들은 타인의 기보를 놓아보며 전략이나 수법에 대한 분석을 하는데, 이 또한 실력을 기르는 데 도움이 되는 일종의 학습법이라고 할 수 있다.

[그림 2-11] 기보를 놓아보며
감상하기

2) 기보감상법의 특징

기보감상법은 다른 바둑 교수-학습 방법과는 색다른 특징이 있다. 예술작품을 감상하듯이 명인고수들의 바둑을 즐기며 학습을 한다는 것이다. 다시 말하면 기보감상법은 엔터테인먼트의 요소가 강한 학습법이다. 실전대국법도 직접 게임을 하는 즐거움이 있는 학습에 속하지만 기보감상법은 고수들의 명국을 감상하는 즐거움이 따르게 된다.

기보감상이 즐겁다는 것은 바둑의 흥미진진함을 생각해 보면 쉽게 짐작할 수 있다. 바둑 팬들은 자신이 두는 바둑은 물론 다른 사람이 두는 바둑을 구경하면서도 즐거움을 느낀다. 옆에서 경기를 구경하는 것을 '관전(觀戰)'이라고 하는데, 축구나 야구 등 스포츠 경기를 관람하듯 바둑을 관전하는 것도 재미를 준다. 기보감상법은 이러한 관전의 재미에 직접 수행을 해 보는 재미를 겸한 것이다. 관전이 소극적인 바둑 감상이라고 한다면, 기보감상은 적극적인 바둑 감상이라고 할 수 있다.

이러한 예술적 쾌감과 함께 기보감상법은 '모델링'이라는 효과를 가져다준다. 모델링이란 다른 사람의 행동을 보고 모방하는 것을 말한다. 바둑 팬들은 기보에 나타난 고수들이 둔 수법이나 행마법 등을 보며 자신도 비슷하게 흉내 내려고 한다.

바둑의 기보는 교육재료로서도 훌륭한 도구이다. 대국을 마친 후, 기보만 남아 있으면 그 과정을 되짚어 봄으로써 수마다의 의미는 물론 승인과 패인까지도 분석할 수 있으며 그 기보의 수준과 가치에 대한 종합평가도 어느 정도 가능하다. 기보 하나만으로도 아주 훌륭한 학습재료가 되는 것이다.

　[그림 2-12] 이것은 기타니 미노루(木谷實)9단과 우칭위안(吳淸源)9단이 둔 10번기의 기보이다. 이 기보를 초급이나 중급 학습자가 감상한다고 하자. 포석에 관한 지식을 잘 모른다고 해도 이 기보를 놓아보며 흑3, 백8과 같이 귀를 굳히는 수를 둔다는 것을 배우게 될 것이며, 흑9나 11과 같이 큰 곳을 차지하여 영토의 골격을 만드는 요령도 배우게 될 것이다.

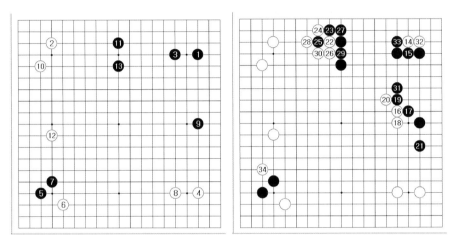

[그림 2-12] 바둑 명인의 기보 감상

　오른쪽 모양에서 백14에 들여다보고 16에 삭감한 것은 고급스런 기법인데, 초급자의 경우 흑15의 이음, 흑17의 모붙임 등의 행마를 은연 중 배우게 될 것이다. 고급 학습자라면 백22의 붙임수에 경이감을 표하며 감상을 할 것이다.

　이런 식으로 기보를 놓아보면 모든 수의 의미를 이해하지는 못하더라도 상당히 많은 수들을 배우게 되는 효과가 있다.

3) 기보감상법의 장점과 단점

　기보감상법은 교육방법으로서 장점과 함께 단점도 포함하고 있다. 먼저 기보감상법의 장점을 살펴보면 다음과 같다.

① 실전을 구경하는 기분으로 재미있게 공부를 할 수 있다.
② 고수의 기법을 자연스럽게 모델링할 수 있다.
③ 돌의 모양, 국면의 흐름, 감각을 익히는 데 도움이 된다.
④ 정석, 사활, 끝내기, 전투 등 종합적인 학습을 할 수 있다.

기보를 통한 공부는 장점이 많다. 문제풀이처럼 딱딱하지 않아 직접 실전을 하거나 관전을 하는 기분으로 연구를 할 수 있어 재미와 공부라는 두 마리 토끼를 잡을 수 있다. 기보학습을 심화의 단계별로 구분하자면 감상→암기→이해→체화의 과정을 밟는다고 할 수 있다. 가벼운 기분으로 감상을 하는 단계에서 수순을 모두 암기하는 단계로, 한 수 한 수의 의미를 이해하는 단계까지 발전하면 기보에 담긴 다양한 내용이 자기 것으로 소화가 된다. 단, 감상과 암기의 단계는 혼자서 학습이 가능하지만 이해의 단계에서는 상급자나 교육자의 조언이 병행되어야 학습효과를 높일 수 있다.

이런 과정에서 자신도 모르는 사이 고수의 행마나 전법 등 기술을 모델링하게 된다. 기보감상에 흥미를 느낀 학습자는 하나의 기보를 한 번 놓아보고 끝내는 것이 아니라 명곡을 수차례 듣듯 여러 번 감상할 수도 있다. 이렇게 하나의 기보를 반복해서 놓아보면 특정한 기법이 자신의 것으로 체화되는 효과가 있다.

기보감상법을 통하여 습득하는 지식이나 기술은 상당히 다양하다. 정석, 사활, 전투 등 분야별 기법을 배우기도 하지만, 한 판의 흐름이나 대국적인 운영 등에 관한 요령도 터득하게 된다. 기보감상법을 위주로 공부를 하는 학습자는 사활이나 실전 위주로 공부한 학습자에 비하여 바둑돌의 모양이 좋다고 평가되고 있다.

기보감상법의 유익한 점에 관하여 설명을 했는데, 이러한 장점을 활용하여 자신의 기보를 적어보는 것도 훌륭한 공부가 된다. 즉 기보를 통한 또 하나의 학습 방법은 자신의 대국을 기보로 기록하는 것이다. 자신이 둔 바둑을 기보로 기록하는 것만으로도 상당한 공부가 된다. 자신의 대국을 한 수도 놓치지 않고 완벽히 기록한다는 것 자체가 한 판의 흐름을 이해한다는 것을 의미하며, 훌륭한 수읽기 훈련이라고 할 수 있다. 실전에서 했던 생각을 되돌아보면서 지나온 발자취를 기록하는 기보 작성은 복기와 비슷한 효과를 기대할 수 있는 유의미한 훈련법이라 할 수 있다.

이창호 9단이 소년기에 프로입단을 위한 공부를 하던 시절에도 자신의 기보를 제대로 기록하지 못했다는 일화가 있다. 고수들은 대부분 자신이 둔 바둑의 수순을 기억하는 점으로 볼 때 자신의 바둑을 기억하여 기보로 기록하는 것은 다소 어려우면서도 훌륭한 학습 수단이 된다는 것을 알 수 있다.

한편 기보감상법은 다음과 같은 단점을 갖고 있다.

① 초보자는 암기하는 데 한계가 있다.
② 생각하지 않고 놓아보기만 하면 감각적 플레이 습관이 생길 수 있다.
③ 수의 이해를 도와줄 교사나 조력자가 필요하다.
④ 공부의 성과가 금방 나타나지 않는다.

바둑의 순서를 외우는 것은 결코 쉽지 않다. 바둑을 아주 잘 두는 사람이라고 하더라도 두어진 바둑돌의 형태적 관련성을 보고 그 흐름을 외우는 것이지 무작위로 두어진 돌에 대해서는 암기력이 일반인과 별반 다름이 없다는 것이 TV에서 증명된 바 있다. 하지만 초보자의 경우에는 바둑돌 모양의 수순적 관련성 자체가 머릿속에 입력이 되어 있지 않아 마치 무작위로 돌이 놓인 것이나 마찬가지로 보이게 된다. 그래서 기보감상이라는 교육방법보다는 바둑돌의 모양과 형태지식을 먼저 배우는 문제풀이라든가 실전대국과 같은 교육방법을 선행하고, 어느 정도 모양의 관련성을 알게 되었을 때 기보감상을 진행하는 것이 올바른 순서라고 할 수 있다.

기보를 보면서 다음 수에 대해 아무 생각도 하지 않고 바둑판 위에 그냥 놓아보기만 하는 것은 효과적이지 않다. 이렇게 놓아보면 단순한 팔 운동이라고 볼 수도 있다. 나름대로 수의 의미들을 이해하며 기보의 수순을 따라가야 많은 공부가 될 것이다. 따라서 학습자에게 기보감상을 시킬 때에는 교사가 기력과 연령에 맞는 기보를 추천해주는 것이 중요하다.

기보를 감상할 때 일정한 수준의 기력을 갖고 있지 않으면 수의 의미를 이해하는 데 어려움이 있다. 고수라고 해도 상황에 따라 금방 이해가 가지 않는 장면이 있을 수 있으니 초급자들은 많은 수들을 이해하는 데 어려움을 느끼게 될 것이다. 이럴 때 학습자의 이해를 도와주는 조력자가 있다면 궁금한 점을 설명해 줄 수 있어 도움이 된다.

기보감상법은 학습의 성과가 빠른 시간 내에 나타나지 않는 특징이 있다. 교사에게 어떤 기법에 관한 자세한 설명을 듣는다거나 실전대국을 하고 피드백을 받는다거나 하면 관련 내용에 관해서는 빠르게 지식을 습득하게 되는 데 비하여, 기보감상법은 각 기보에 담긴 다양한 요소들을 예술적으로 감상하며 다소 막연하게 습득하기 때문에 그 효과가 더디게 나타날 수 있다. 그렇지만 시간이 지나 기보감상을 한 경험이 꽤 많이 축적되면 그 효과는 상당히 크다. 꾸준히 기보감상을 한다면 여러 판을 통하여 공통적으로 적용되는 원리나 기법을 스스로 깨닫게 되어 실력이 크게 진보하는 성과를 거둘 수 있는 것이다.

4) 기보감상법의 활용

기보감상법은 효과적인 바둑교육 방법의 하나라고 했는데, 그 내용의 이해에서 기력과 지적 수준 등의 요소들이 작용하므로 적용하는 데 유의를 해야 할 점들이 있다. 그것을 알아보기로 한다.

첫째, 초보자에게 기보감상을 강요하지 말아야 한다. 당연한 얘기겠지만 바둑에 관한 ABC도 아직 잘 모르는 입문 단계의 학습자에게 기보를 놓아보라고 한다면 바둑이 너무 어렵다고 느껴 바둑학습을 그만둘 가능성이 있다.

둘째, 기보감상법을 사용할 때 기력을 고려하여 기보를 선정해 주도록 한다. 기력이 낮은 학습자에게는 평이한 기보를 선정해서 놓아보도록 할 필요가 있다.

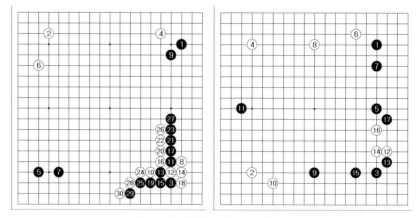

[그림 2-13] 난해한 기보와 평이한 기보

[그림 2-13]에서 왼쪽은 '이적(耳赤)의 묘수'가 나온 유명한 슈사쿠의 기보이다. 초반 포석 단계인데, 우상귀에서 난해한 대사정석이 출현하였다. 이런 기보를 초급자에게 선정해 준다면 수준에 맞지 않을 것이다. 기력이 낮은 학습자에게는 오른쪽과 같이 평이한 내용의 기보를 골라주는 것이 좋다.

셋째, 기력을 고려하여 수순을 적당히 조절해 주도록 한다. 학습자가 기보를 끝까지 놓아보면 좋지만, 초급 수준의 학습자가 그렇게 하는 것은 매우 힘든 일이다. 따라서 교사는 학습자가 인지적 부담을 느끼지 않는 범위까지 기보를 놓아보도록 안내를 해 줄 필요가 있다.

넷째, 가급적 기보의 수순이 분할되어 쉽게 찾아볼 수 있고 해설까지 나와 있는 기보를 감상하도록 한다. 초급자들은 총보로 된 기보일 경우 수순을 찾는 데 어려움을 느낄 수 있다. 그러나 유단자 수준의 실력을 가진 학습자라면 총보를 보는 것도 그다지 불편하지 않을 것이다. 왜냐하면 정석이나 행마 등 정형화된 형태에 관한 지식이 이미 머릿속에 풍부하게 들어 있어 수순 번호를 찾는 데 익숙하고, 책에서 번호를 찾으려고 하는 것이 아니라 반상을 들여다보면서 "이쪽 근방에 두었을 것이다"라고 지점을 예측할 수가 있다.

기보감상을 할 때 가능하다면 해설이 나와 있는 기보를 골라서 학습하는 것이 효과적이다. 바둑 분야에는 유명기사의 기보들을 모아 해설을 한 책들이 많고, 또 월간지의 부록으로 작은 사이즈의 바둑해설을 담은 소책자도 많이 나와 있다. 단순히 기보만 있는 자료보다는 이런 해설이 붙어 있는 기보를 학습하는 것이 내용을 이해하는 데 도움이 될 것이다.

🍎 읽어보기

가장 오래된 기보(棋譜)

바둑의 수순을 기록한 기보는 역사적·문화적·기술적으로 가치가 있다. 옛날의 기보는 당시의 바둑 양식이나 기술을 후대에 전승해 주는 역할을 한다.

우리나라는 오랜 옛날부터 바둑을 애호해 왔고, 바둑에 관한 수많은 일화를 남기고 있는데, 아쉽게도 기보가 남아 전해지는 것은 19세기 무렵의 것이다. 바둑을 애호했던 이순신 장군이 기보가 남아 있다면 얼마나 좋을까.

옛날에는 기보를 기도(棋圖) 또는 위기도(圍棋圖)라고도 불렀다. 옛날의 바둑을 기보로 만들어 놓으면 아무리 시간이 흘러도 언제든지 그 바둑을 생생히 볼 수 있다. 일본의 유명한 고수들의 기보가 전해져서 대국해설집으로 출간되기도 했다.

현존하는 기보 중 가장 오래된 것은 지금부터 약 1천 7백여 년 전, 중국의 한(韓)나라 말기에 만들어진 것으로 알려져 있다.

한편 일본에서 두어진 기보 중 오래된 것은 약 7백여 년 전 것부터 훌륭한 기보가 수없이 전해져 내려오고 있다.

우리나라에서는 중국이나 일본처럼 오래된 기보는 전해지지 않고 있는데, 우리 조상들이 기보를 전혀 남기지 않은 것인지, 아니면 기보가 있었다가 유실된 것인지 알 길이 없다. 기보를 남기지 않았다면 바둑을 하나의 오락적 기예로 보아 기보로 적는다는 관념을 갖지 못한 때문이었을 것이다.

우리의 뛰어난 기록문화 유산인 조선왕조실록처럼 지금부터라도 기보를 포함하여 바둑에 관한 기록을 남기고, 그 기록을 활용하여 문화콘텐츠로 만들어 보면 어떨까. 그러기 위해서는 바둑을 배우는 학습자에게도 일기장처럼 기보를 적도록 하여 바둑에 관한 기록을 남기는 습관을 심어주는 방법도 고려해 볼 필요가 있을 것 같다.

 학습활동

▌ 활동 1 ▌ 기보감상법 연습하기   ACTIVITY

기보를 선정하여 50수 정도까지 감상하고 나서 어떤 점들을 배웠는지 기술해 보기로 한다.

▌ 활동 2 ▌ 초급자를 위한 기보 선정   ACTIVITY

대국집 등에서 기력이 낮은 초급 수준의 학습자를 위한 쉬운 기보를 3국 골라보기로 한다. 바둑의 진행이 복잡하거나 난해하지 않고 비교적 평이하게 행해진 기보를 고르도록 한다.

6. 온라인 학습법

▌ 학습목표	1. 온라인대국과 강좌의 특징을 설명할 수 있다.
	2. 온라인 학습법의 장점과 단점에 대해 설명할 수 있다.
	3. 바람직한 바둑 온라인 학습법을 예시할 수 있다.

학습내용

온라인 학습법이란 인터넷 매체를 이용하여 바둑을 두거나 강좌를 듣는 방법으로 바둑교육을 하는 것을 말한다. 매스미디어의 발전으로 바둑교육뿐만 아니라 여러 분야가 사이버 공간으로 확장되어 이제는 온라인 활동을 간과할 수 없는 상황에 이르렀다. 이 장에서는 온라인 바둑학습법에 대해 알아보기로 한다.

1) 온라인 학습법의 정의

온라인 학습법은 말 그대로 온라인, 즉 인터넷을 통해 학습하는 방법을 말한다. 온라인의 반대어인 오프라인은 실제 공간에서 활동하는 것을 의미한다. 일반적으로 수업은 교실에서 교사와 학생, 그리고 학생과 학생 간에 면대면으로 이루어지지만, 오늘날에는 컴퓨터와 인터넷 등 정보통신기술(ICT)이 발전하면서 온라인상에서도 교육활동이 활발하게 이루어지고 있다.

온라인교육은 다양한 이름으로 불리어진다. E-러닝, 웹기반 교육, 가상교육 등 여러 가지 용어로 통하고 있는데, 이것들은 약간씩 차이가 있지만 모두 인터넷 공간에서 컴퓨터를 활용하여 수업을 하는 것이 공통점이다. 온라인교육은 전통적인 면대면 방식의 교육과 상당한 차이가 있다. 교실 수업에서는 교수자와 학습자가 시간과 공간의 제한을 받으면서 교육-학습 활동을 하게 되나, 온라인교육은 시공간의 제한을 받지 않으면서 언제, 어디서나 컴퓨터만 있다면 수업에 참여할 수 있도록 하며 원격의 형태로 다양한 형태의 상호작용을 구현한다.

바둑 분야에서도 온라인 활동의 비중이 높아졌다. 동양의 고전적 경기인 바둑이 첨단 미디어인 컴퓨터와 결합하면서 인터넷으로 바둑을 두는 사람들이 크게 늘어났다. 바둑 팬이나 학습자들은 기원이나 바둑학원에 가지 않고도 인터넷을 통해 대국을 즐기고 학습도 할 수 있게 된 것이다.

온라인 바둑활동은 크게 인터넷 대국과 인터넷 강좌로 나눌 수 있다. 교육적 측면에서는 그동안 학원이나 기원 등 어딘가 바둑을 배울 수 있는 장소를 찾아가거나 TV나 책을 통해서만 배울 수 있던 바둑을 시간과 공간의 제약 없이 편하게 배울 수 있는 방법이 출현했으니 매우 혁신적인 교육방법이라고 할 수 있다.

2) 온라인 바둑학습법의 특징

최근에는 매스미디어의 발달로 거의 모든 과목이 온라인에서 활발히 교육되고 있다. 대학의 교육과정을 온라인에서 밟을 수 있는 사이버대학도 출현하였다. 기업이나 정부기관에서는 온라인을 통하여 연수교육을 실시하고 있다.

이처럼 온라인으로 교육하고 학습하는 방법은 다음과 같은 특징이 있다.

첫째, 교육현장에 직접 가지 않고 가정이나 직장 등에서 학습에 참여할 수 있다. 다시 말해서 공간적 제약을 덜 받는 학습이다.

둘째, 학습자가 편한 시간에 인터넷에 접속해 학습을 할 수 있다. 즉 시간적인 제약을 극복할 수 있다. 단, 실시간 수업에서는 면대면 수업과 동일하다.

셋째, 멀티미디어에 의한 다양한 지원을 받을 수 있다. 요즘의 컴퓨터는 이메일, 오디오, 동영상, 애니메이션 등 다양한 미디어가 결합되어 있어 이러한 도구의 지원을 받아 효과적인 학습을 할 수 있다.

넷째, 교수자와 학습자 또는 학습자들 간의 상호작용이 가능하다. 이메일이나 홈페이지의 댓글 등을 통하여 서로 의견을 주고받는 방식의 수업이 가능하다.

이와 같은 온라인 학습법의 특징은 온라인 바둑학습에서도 동일하게 나타난다. 교사의 강의를 동영상으로 제작하여 홈페이지에 올리고 학습자가 시간이 날 때 자유롭게 학습을 하도록 한다. 물론 학습자들이 같은 시간에 수업을 하는 실시간 강의도 가능하다. 또한 바둑학습에서는 대국 프로그램을 통하여 실전대국을 하고 복기도 할 수 있다.

바둑교육에 종사하는 바둑지도사들은 이러한 온라인 바둑학습 방식에 익숙지 않다.

아동을 대상으로 한 바둑교육은 온라인 수업을 할 필요가 별로 없기 때문이다. 그러나 면대면 수업을 위주로 하더라도 온라인 학습법을 병행한다면 교육의 효과를 높일 수 있다는 특징이 있다. 자신의 강의자료를 홈페이지에 올려 학습자들이 종종 수강할 수 있도록 하고 과제로 문제풀이를 하거나 기보를 놓아보는 식으로 온라인 학습을 이용할 수 있다.

근래에는 스마트폰을 통한 바둑강좌나 사활묘수풀이 앱도 출현하였다. 스마트폰을 통하여 사활문제 등 바둑문제를 풀어보며 스스로 실력을 늘리는 프로그램이 개발되었고, 바둑강좌나 이야기 등을 볼 수도 있다. 이와 같은 스마트폰 앱을 통하여 보조적인 온라인 학습을 유도하는 것도 도움이 될 것이다.

3) 온라인 학습법의 장점과 단점

온라인 학습법은 컴퓨터 등 미디어를 통하여 면대면 수업과는 다른 효과를 얻을 수 있다. 바둑교육의 측면에서 온라인 학습법의 장점을 살펴보면 다음과 같다.

① 시간과 공간의 제약을 받지 않는다.
② 암기력과 기억력 향상에 도움이 된다.
③ 다양한 스파링 파트너들과 실전경험을 풍부히 쌓을 수 있다.
④ 실시간 기보해설, 강좌 같은 경우 상호 의사소통이 가능하다.
⑤ 다양한 테마의 강좌, 만화, 동영상 등을 선택하여 볼 수 있다.

실전을 통한 교육과 학습은 매우 좋은 수단이라 했는데 주변에서 자신과 실력이 맞는 상대를 찾는다는 것은 그리 쉬운 일이 아니다. 또한 그런 상대가 있다 해도 일정 상대와 반복 대국하는 것보다는 여러 상대와의 다양하고 풍부한 경험을 하는 편이 기력 향상에는 더 도움이 될 것이다. 이런 문제를 해결할 수 있는 열쇠가 바로 온라인 대국이다. 최근에는 오프라인으로 바둑을 즐기는 사람보다 온라인 대국 인구가 갈수록 증가하고 있는데, 이는 온라인 대국의 편의성과 다양성 때문일 것이다. 쉽게 말하면 어떤 장소에 가지 않고도 집에서 편안하게 다양한 상대와 대국을 즐길 수 있다는 점이 온라인 프로그램의 강점이다.

사이버 공간에서 무수한 스파링 파트너들과의 다양한 실전경험을 쌓고 거의 모든 바둑사이트들이 제공하는 대국자 기보저장 서비스를 제공하고 있어 따로 기억하거나 기보를 작성하지 않아도 자신의 기보가 자동 저장되어 대국 종료 후 혼자 검토해 볼 수도 있고 교사에게 지도도 받을 수 있는 좋은 재료가 생산되는 것이다.

[그림 2-14]는 온라인 대국실에서 두어지는 바둑의 중계 모습이다. 바둑방송처럼 해설자가 중계하는 모습을 볼 수 있고, 바둑수가 실시간으로 중계된다. 또한 해설자가 참고도를 그려가며 설명을 해 주기도 한다. 이러한 프로그램을 감상한다면 학습자는 교실에서 실전해설 강의를 듣는 것과 동일한 효과를 얻을 수 있을 것이다.

[그림 2-14] 온라인 대국실의 대국 장면

또 요새는 다양한 문화콘텐츠 자료를 융합한 테마 강좌가 많이 개설되어 어린이는 어린이의 눈높이에 맞게, 성인은 성인의 눈높이의 맞게 각자의 취향과 개성을 존중한 강좌들이 많이 나와 있다. 그만큼 선택의 폭이 넓어져 바둑을 더 흥미롭게 즐길 수 있게 되었다.

한편 이렇게 편리한 온라인 학습에도 단점은 있다. 온라인 학습법의 단점을 지적하면 다음과 같다.

① 자기 주도적으로 수행하지 않으면 효율성이 떨어진다.
② 몰입을 유지하기 위해 적절한 난이도의 과제를 수행시켜야 한다.
③ 사이버공간의 익명성으로 인한 매너 문제가 제기될 수 있다.
④ 형세판단, 놓아보기 등 아이템에 의존하여 수읽기를 하지 않게 된다.

온라인 학습법의 가장 중대한 단점은 학습자가 느끼는 고립감이다. 면대면 수업처럼 교사나 다른 학습자와 호흡을 같이하며 학습활동을 하는 것이 아니기 때문에 학습자는 고독한 상태에서 혼자 학습을 하게 되어 자율적으로 수업을 하지 않으면 안 된다. 이러한 고립감을 극복하지 못하면 중도에 수업을 포기하는 수가 많다. 따라서 온라인 학습법은 무엇보다도 학습자의 자기주도성이 요구된다. 학습자가 스스로 내적 동기를 갖거나 학습의 필요성을 느껴야 지속적인 학습이 가능한 것이다.

교사는 학습자가 혼자서 수업을 지속할 수 있도록 난이도를 조정한 과제를 제시할 필요가 있다. 동기유발을 하는 요소를 첨가할 필요가 있는 것이다. 바둑은 자체가 흥미롭기 때문에 이런 면은 크게 문제되지 않는 편이다.

온라인 바둑학습에서 제기될 수 있는 문제점의 하나는 '익명성'에 의한 매너 문제이다. 온라인 대국실에서 실전대국을 하는 사람들의 경우 실명을 쓰지 않고 익명을 쓰는 경우가 많은데, 이로 인해 평소와는 달리 무례한 매너를 보이는 사람도 있다. 상대가 보이지 않는다는 이유로 매너에 어긋나는 행위가 일어날 수 있다는 것이 사이버 바둑세상의 문제점이다. 물론 온라인 바둑의 초기에 비하면 많이 정화되었지만 학습자들은 이런 단점에 노출될 위험성이 여전히 있다.

온라인 대국에서 나타나는 또 하나의 색다른 문제점은 보조적인 기술 프로그램에 의한 학습효과의 감소이다. 일반적으로 대국자들은 바둑판이 아닌 컴퓨터 앞에 앉는 순간, 편리성 때문에 선택한 온라인 대국의 함정에 빠져들기 쉽다. TV나 책을 보면서도 대국이 가능하고 심지어는 상의, 합작대국이나 곁에 있는 고수의 훈수까지 곁들여가며 대국할 수도 있다. 거기에 각종 바둑사이트들이 경쟁적으로 제공하는 대국 보조기능, 예를 들어 형세 분석, 놓아보기 서비스 등의 유혹을 받는다. 이러한 보조 기능은 오프라인 대국에서는 스스로 해야 하는 활동들이며 이러한 활동을 통해 지적 능력 등을 사용하게 된다.

온라인과 오프라인 통합 바둑교육

온라인을 통한 활동이 증가하면서 바둑교육 방법에도 변화의 바람이 불고 있다. 교실의 면대면 수업과 온라인 학습을 결합하여 좀 더 효과적인 교육을 시도하려는 움직임이다.

초등학교 방과후학교에서는 보통 일주일에 1～2회 수업을 하는데, 이것으로는 학습시간이 적어 바둑을 빨리 배우기가 어렵다고 평가되고 있다. 기력 향상이 뒤따라야 재미가 있어서 계속 바둑을 공부할 수 있을 것이다. 오프라인 교육만으로는 한계가 있다고 본 바둑지도사들이 온라인학습을 병행하고 있다.

 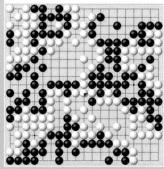 

젊은 바둑 강사들이 주가 된 '특기적성 강사회'에서는 온라인 바둑사이트에   서 별도의 서버를 통해 '어린이 바둑교실' 서비스를 제공하고 있다. 방과후학교 에서 수업하고 미진한 부분을 온라인에서 다시 한 번 강의하고 바둑도 두는 등 방과후수업의 보조수단 역할을 한다.

여기에는 바둑학 전공자를 포함한 전문 바둑지도사들이 어린이들에게 ID를 발급하고 가르치며 학습에 참여하고 있다. 한편 유럽에서는 황인성, 이세미 국제바둑지도사가 온라인 바둑학습사이트를 통하여 강의를 하고 있다.

이러한 온라인 바둑학습은 점차 확산될 것으로 전망된다. 교실수업만으로 충족되기 어려운 학습욕구를 만족시키고 교육효과를 높이는 데도 기여할 것으로 보인다.

4) 온라인 학습법의 활용

위에서 살펴본 바와 같이 온라인 학습법은 컴퓨터를 통한 다양한 편의성으로 인해 면대면 학습과는 다른 특징과 장점이 많다. 바둑교육에서 온라인학습이 제공하는 이러한 장점들을 적절하게 활용할 필요가 있다. 바둑지도사 중에는 이와 같은 온라인 학습법은 고사하고 파워포인트 강의 등 컴퓨터를 활용한 수업도 자신과는 거리가 먼 수업방식이라고 생각하는 사람이 있는데, 정보통신기술이 고도로 발달한 시대에 이런 사고를 갖는다면 교육방법 면에서 뒤지게 될 것이다.

온라인 학습법을 활용하려면 무엇보다도 바둑지도사 자신의 홈페이지나 바둑교육 단체의 홈페이지를 만들 필요가 있다. 특별히 홈페이지를 만들기가 어렵다면 인터넷카페 등을 개설하여 홈페이지처럼 이용해도 된다. 그 홈페이지에 동영상 강좌, 묘수풀이, 바둑이야기 등 콘텐츠를 넣어 학습자들이 시간 날 때 학습을 하도록 하면 된다. 온라인 바둑사이트와 링크하여 대국을 하도록 하는 것도 좋은 방법이다.

요즘은 아동들도 스마트폰을 휴대하고 다니는 경우가 많으니 스마트폰을 통해서 홈페이지에 접속하도록 유도할 필요가 있다. 유익한 학습자료를 제공하여 보조적인 학습을 하도록 한다면 학습자들은 실력이 많이 향상될 것이다. 이처럼 온라인 학습법을 병행할 경우 교사는 수업자료를 풍부하게 업로드해야 한다. 홈페이지만 만들어 놓고 실질적인 내용은 별로 없다면 온라인학습은 제대로 이루어지기 어렵다.

자신의 홈페이지에 강의자료나 문제풀이 등 학습자료를 올리는 일은 생각보다 만만치 않다. 교사가 부지런하고 교육에 대한 열정과 사명감이 있어야 가능하다고 해도 과언이 아니다. 또한 어느 정도 컴퓨터를 다룰 줄 아는 기술능력도 있어야 한다.

이와 같은 어려움을 해결하기 위해서는 다수가 협력하여 온라인 바둑학습관리시스템을 구축하는 방법을 고려할 필요가 있다. 학습관리시스템, 즉 LMS(Learning Management System)는 온라인 사이트를 통하여 학습자들이 학습을 할 수도 있고, 교수자들도 교수 자료를 이용할 수 있으며, 교육과 관련한 다양한 정보를 얻을 수 있는 시스템을 말한다. 이러한 사이트가 구축되어 있다면 지도사들은 군이 개인적으로 강좌물 등 학습자료를 만들지 않고도 편리하게 이용할 수 있다.

바둑지도사 중에는 인터넷에서 이와 같은 강좌물을 제공하면 바둑교사로서 자신의 역할이 사라진다고 염려하는 사람이 있는데, 이는 그릇된 관념이다. 바둑교육을 자세히 살펴보면 바둑지도사가 강의를 통하여 가르쳐주는 지식은 사실상 그리 많지 않다. 오히려 학습자가 문제풀이를 하고 실전대국을 하며 지식과 기술을 늘리는 양이 많은 것이다. 물론 문제풀이나 실전대국에서 교사가 안내를 하고 피드백을 제공하며 학습을 도와주는 역할을 한다. 수업에서 교사가 반드시 자신이 알고 있는 지식을 전달해 준다는 생각보다는 '학습을 촉진'하는 역할을 한다는 사고의 전환이 필요하다. 이런 사고를 갖는다면 LMS의 흥미로운 강좌 등을 통해 학습자의 바둑학습을 촉진하는 것이 훨씬 더 효과적이라는 생각을 하게 될 것이다.

칠판이나 컴퓨터 등 교수 매체는 교사의 능력을 신장시켜 준다는 말이 있는데, 바둑지도사들은 멀티미디어 등 발전된 컴퓨터 기술을 이용하여 효과적이고 매력적인 수업으로 이끌 필요가 있다.

🐌 읽어보기

가사이의 바둑 가르치는 법

일본기원 프로기사이면서 조치훈 본인방의 고문변호사이기도 한 가사이 고우지 7단은 <바둑으로 머리가 좋아진다>는 책을 저술했다. 그는 바둑을 잘 가르치는 법으로 다음과 같은 방법을 권한다.

① 먼저 바둑을 두어보게 하라.
어린이는 승부의 결말을 내는 것을 좋아하므로 어느 정도 룰을 가르치고 나면 대국을 개시해야 한다. 또 초심자에게는 19줄 바둑판은 너무 넓기 때문에 9줄 혹은 13줄 바둑판을 사용하는 것이 좋다.

② 처음에는 흉내 내게 하라.
무슨 일에서나 공부는 '흉내 내기'에서 시작된다. 프로들의 기보를 놓아보게 하고 한 수 한 수의 의미를 모르더라도 괜찮다. 나도 모르는 사이에 올바른 수순과 모양을 피부로 익힐 수가 있다.

③ 전력을 기울이게 하라.
바둑을 프로가 되기 위해서 하는 것은 아니지만 그 시간만큼은 마치 프로가 되기 위해서 하는 것처럼 전력을 기울여서 집중할 수 있도록 하라. 바둑은 물론 취미이지만 마음먹기에 따라 의의 있는 시간이 될 수 있고 이렇게 마음을 통제할 수 있다면 일이나 공부에 큰 도움이 될 것이다.

④ 칭찬해 주는 것이 요령
먼저 칭찬을 해주고 지적은 되도록 단 둘이 있을 때 한다. 명령조로 말하지 않고 의견을 구한다. 아이의 체면을 세워준다. 사소한 일이라도 아낌없이 칭찬해준다. '비판에 의해 인간의 능력은 시들고 격려에 의해서 인간의 능력은 꽃 핀다'라는 말이 있다. 어린이를 칭찬하고 격려하는 것은 바둑에 대한 흥미를 길러주는 것뿐만이 아니라 그 아이의 인생을 좌우하는 일이 될 수도 있다.

이러한 가사이 바둑교육법은 바둑을 지도하는 교사들에게 참고가 될 것으로 보인다.

 학습활동

▌ 활동 1 ▌ 온라인 대국 실습하기　　　　ACTIVITY

　온라인 대국실에서 다른 사람과 대국을 하는 것을 실습한다. 바둑을 두고 나서 직접 만나 대국하는 오프라인 바둑과 어떤 점에서 차이가 있는지를 얘기해 보자.

▌ 활동 2 ▌ 온라인 강좌 수강하기　　　　ACTIVITY

　인터넷 바둑사이트 등에 나오는 온라인 바둑강좌를 수강해 보기로 한다. 강좌를 수강한 후 교실의 면대면 수업과 어떤 차이점이 있는지 토론해 보기로 한다.

 단원정리

1. 강의법
강의법은 교사의 설명에 의하여 수업을 진행해가는 수업방식을 말한다. 교사가 수업과정을 주도적으로 이끌어가며 학생들은 교사의 설명을 듣는 방식으로 한다. 학습자가 수동적이 되기 쉽고 지루한 수업이 될 수 있다. 따라서 교사는 질문이나 동기유발 전략을 통해 주의집중을 유도하고 능동적인 수업이 되도록 해야 한다.

2. 문제풀이법
문제풀이란 실제 장면에서 나올 법한 바둑 모양을 통하여 문제를 풀어 보면서 기술을 숙달하는 방법이다. 어린이의 바둑교육현장에서는 문제풀이를 거의 필수적으로 다루고 있으며 교사에게 배운 이론을 비슷한 유형의 문제를 반복하며 체화시킨다.

3. 실전대국법
실제로 바둑을 두는 실전대국법은 바둑경기를 즐기면서 동시에 실전적 기술을 익히는 학습법이다. 학습자들은 강의 등을 통해 알고 있는 지식과 기술을 실제 상황에 적용해 봄으로써 활용 가능한 지식으로 만들게 된다. 교사가 지도하는 형식으로 1대 1 대국이나, 다면기를 실시할 수도 있다.

4. 복기와 토론
복기법은 실전대국을 하고 난 후, 지나온 수순들을 되짚어보며 자신이 수행한 것의 잘잘못을 규명하는 수업방법이다. 대국 중에 두어진 수들 중에서 주로 잘못 두어진 수를 중심으로 교사가 피드백을 주거나 동료들끼리 토론하며 학습을 한다.

5. 기보감상법
고수들의 명국 기보를 감상하면서 기술력을 늘려 나가는 학습법이다. 이 방법은 바둑 자체에서 오는 예술적 감흥을 즐기며 고수들이 구사한 모범적인 기법들을 모델링하는 효과를 제공한다. 해설을 곁들인 기보를 감상할 경우 단순한 기보감상보다 더 깊이 있는 학습이 된다.

6. 온라인 학습법
정보통신 기술의 발달에 따라 사이버공간을 통하여 학습을 하는 방식을 말한다. 인터넷, 멀티미디어 등 다양한 기능을 하는 도구를 사용하기 때문에 면대면 수업에서는 제공하기 어려운 쌍방향 커뮤니케이션 기능을 할 수 있다. 크게 온라인대국과 온라인강좌로 나눌 수 있고 시간과 공간의 제약 없이 배울 수 있는 혁신적인 교육방법이라고 할 수 있다.

단원평가

01. 바둑교육현장에서 어린이들에게 강의법으로 교육을 할 때 주의할 점에는 어떤 것들이 있는가?

02. 문제풀이를 싫어하는 어린이에게는 어떻게 지도하는 것이 좋은가? 또 반대로 실전대국이나 기보감상보다 문제만 풀려고 하는 어린이는 어떻게 지도하는 것이 좋은가?

03. 실전대국법은 바둑교육에서 가장 비중이 큰 부문이다. 학습자들끼리 대국을 하는 경우가 많기 때문에 지도사가 할 일은 비교적 제한적이다. 이때 바둑지도사는 어떤 일을 하면서 다음 교육을 준비하면 좋은가?

04. 바둑판과 같은 모양의 종이에 바둑을 둔 순서대로 기록해두었다가 바둑이 다 끝난 후에도 다시 놓아볼 수 있도록 만들어 놓은 것을 (   )라고 한다.

05. 이미 두어진 바둑의 지나온 수순을 되짚어가며 바둑수를 검토하는 것을 말한다. 과거의 상황에서 최선의 수를 찾고 잘잘못의 원인과 결과를 분석하는 교육방법으로 승자와 패자가 하나가 머리를 맞대고 의논하는 바둑만의 독특한 문화를 (   )라고 한다.

06. 개념획득, 문제해결, 운동기능, 판단력 등을 포함한 과제해결 능력에서 효과적인 학습방법으로 사회적 유대감을 강화하면서 타인의 의견을 듣고 토론하며 정보를 효과적으로 얻는 방식은 무엇인가?

07. 온라인학습은 온라인대국과 온라인강좌로 크게 나눌 수 있다. 이러한 온라인 학습이 오프라인 교육에 비해서 좋은 점과 유의해야 할 점에 대해 제시하시오.

08. 온라인강좌 중 (   )란, 책에 있던 강의 내용을 거의 비슷하게 사이버 공간에 옮겨놓은 것으로 아동, 성인 등 장르에 따라서 혹은 만화, 동영상 등 유형에 따라 종류가 다양하다.

09. 프로기전이나 아마대회를 온라인상에서 개최할 경우, 장점과 문제점이 지적되고 있다. 장점에는 어떤 것이 있고 문제점으로는 어떤 것들이 발생할 수 있는가?

Chapter 3

바둑교육 실무

■ 중심 주제   바둑교육을 실시하는 데 있어서는 무엇보다도 바둑과 교육의 관계를 올바로 이해
하고 학습자에게 맞는 교육을 실행하는 것이 중요하다. 그러기 위해서는 바둑에
대한 다양한 지식과 능력을 쌓는 것은 물론 실전에 활용할 수 있는 실무적인 기법
을 알아둘 필요가 있다.
제3부에서는 바둑교육을 실시할 때 요구되는 실질적인 업무에 대한 이론과 기법을
이해하고 실제적 상황에 유용하게 쓰이는 방법에 대해 배워보도록 한다.

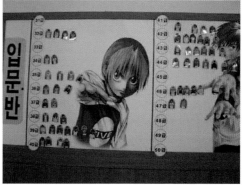

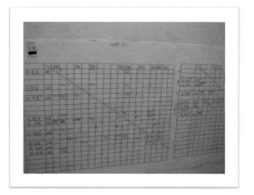

■ 학습목표

1. 학습동기의 개념을 설명할 수 있다.
2. 대상에 맞는 상담기법을 설명할 수 있다.
3. 교육매체를 활용하여 교육할 수 있다.
4. 수업계획서를 작성하여 교육할 수 있다.
5. 데이터 관리 방법을 열거할 수 있다.
6. 교육평가의 목표를 진술할 수 있다.

1. 학습동기 유발

▌ 학습목표	1. 학습동기를 정의하고 중요성을 설명할 수 있다.
	2. 학습동기의 종류를 열거하고 내용을 설명할 수 있다.
	3. 학습동기 유발 전략을 구사할 수 있다.

학습내용

교육에 있어서 학습동기(學習動機)는 매우 중요한 요인이다. 본 장에서는 학습동기(動機)에 대해 알아보고 학습동기를 유발하는 방법에 대해서도 알아보기로 한다.

1) 학습동기의 정의

동기(Motivation)란 어떠한 행동을 유발하고 유지시켜 주며 행동의 방향을 제시하는 내적 상태를 말한다. 쉽게 말해서 동기는 어떤 행동으로 이끄는 힘을 가리킨다. 사람들의 많은 행동은 어떤 동기에 의해서 일어난다. 예컨대 점심시간이 되어 식당으로 갔다면 그 사람은 '배고픔'을 벗어나기 위한 동기에 의해 그 행동을 한 것이다. 바둑교실이나 방과후수업에서 바둑을 배우려고 한 학생들도 어떤 동기에 의해서 바둑교육에 참여한 것이다.

학습과 관련된 동기를 '학습동기(學習動機)'라고 한다. 학습동기는 학습을 일으키는 중요한 동력이기 때문에 교육에서 당연히 고려해야 할 요인이다. 학습자라면 누구나 자신의 학습을 통해 무엇인가를 얻고자 할 것이며, 또한 좋은 결과를 얻기를 기대할 것이다. 이러한 동기 수준이 높은 학생과 낮은 학생은 공부를 하는 태도는 물론 성취도에서도 큰 차이가 있다. 예를 들어 학습동기가 높은 학생은 자신이 원하는 성적이나 원하는 목표를 달성하기 위해 그에 맞는 적절한 행동과 계획을 실행하고 지속할 것이며 이후의 행동계획에도 방향성을 가질 것이다. 반면 학습동기가 낮은 학생은 학습동기가 낮은 학생에 비하여 성취욕구가 약하기 때문에 계획적이고 지속적으로 진행하기보다는 충동적이고 비연속적일 가능성이 높다.

이런 점에서 학습동기는 '배우는 것을 가치 있게 생각하고 배우기 위해 최선을 다하려는 성향'(최병연, 2002)이라고 정의할 수 있다. 다시 말해서 '학업을 성취하기 위한 동인이자 이를 충족하기 위한 노력'(김영채, 1990)이라고 할 수 있는 것이다. 학습동기는 학습자가 학습에 참여하는 데 있어 중요한 에너지이자 목표를 부여하는 원동력이 되며 수업행동을 조절·지속함으로써 목표에 달성하도록 하는 요인이다. 학습동기는 현재 받고 있는 수업 이후 다른 수업에의 참여 여부에도 영향을 미친다.

2) 학습동기의 유형

동기는 인간의 복잡한 심리적 요인이기 때문에 많은 학자들이 다양한 이론을 제시하고 있다. 동기의 유형도 여러 측면에서 구분해 볼 수 있는데, 여기서는 학습과 관련된 동기의 유형을 알아보기로 한다. 학습동기의 유형은 크게 세 가지로 구분할 수 있다.

(1) 목표지향형(goal-oriented)

목표지향형은 자신이 정한 구체적인 목표를 달성하려고 하는 유형을 말한다. 즉, 학습자가 자신의 목적과 목표를 잘 달성할 수 있는 방법과 과정을 선택하고 오로지 그것에만 초점을 맞추는 방식이다. 이런 유형의 학습자들은 지식을 활용하기 위해서 지식을 습득할 뿐 활용되지 않는 지식은 의미가 없기 때문에 주목하려고 하지 않는다. 그리고 일단 자신의 목적이나 목표를 달성하기 위해 활동을 진행하지만 이러한 목표가 달성되면 학습을 중단한다.

(2) 학습지향형(learning-oriented)

학습지향형은 학습 그 자체에서 일어나는 다양한 지적 호기심과 알고자 하는 욕구에서 동기화되는 유형을 말한다. 즉, 학습 자체에서 즐거움을 느끼고 흥미를 갖는 스타일이다. 이처럼 학습 자체에 내적인 동기를 갖게 되면 자연스럽게 성취 결과도 높아질 것이다. 학습지향형인 학습자들은 스스로 흥미를 가지고 학습에 참여하기 때문에 지속성을 갖는다.

(3) 활동지향형(activity-oriented)

활동지향형은 학습내용을 배운다거나 특정한 목적을 달성하기 위하여 학습에 참여하는 것이 아니라 학습참여 활동 그 자체와 사회적인 상호작용에 의미를 갖는 유형이다. 이 유형은 친구들과 어울리며 학습시간을 즐기는 스타일이라고 할 수 있다.

바둑학습에 참여하는 아동들은 위의 세 가지 동기유형 중에서 어느 유형에 속할까? 아동에 따라 차이가 있겠지만 대체로 학습지향형과 활동지향형이 많은 것으로 알려져 있다. 바둑게임 자체에 흥미를 느껴 바둑학습에 참여하고 친구들과 어울려 바둑을 두는 것에 동기화되는 것으로 볼 수 있다.

3) 동기유발 전략

학습동기는 교육에서 특정행동을 유발하고 방향감을 제시하며 열정과 노력을 불러일으켜 목표를 달성하도록 하는 원동력이 된다. 따라서 교육에 있어 학습동기는 가장 중요한 요소라고 할 수 있으며, 목표에 부합하는 행동을 성취할 수 있도록 이끌려면 학습자의 흥미, 요구, 준비성, 의도 등을 고려한 체계적인 동기접근 방법이 필요하다(Deci, 1975).

교육을 할 때 이러한 학습동기를 어떻게 조절해야 할까? 미국의 교육학자 Keller(1983)는 학습동기에 관한 'ARCS이론'을 제시하고 동기를 유발하는 전략을 발표했다. ARCS 란 주의집중(Attention), 관련성(Relevance), 자신감(Confidence), 만족감(Satisfaction)의 영어 이니셜을 딴 것이다. 학습동기는 크게 이 네 가지 요인으로 구성된다고 보았으며, 이에 관한 동기적 처방을 할 수 있다고 보았다.

(1) 주의집중(Attention)

공부를 할 때 주의집중이 되어 있어야 하는 것은 말할 필요가 없다. Keller는 주의집중이 학습에 있어 선수조건이자 학습이 일어나기 위한 가장 필요한 기초요소라고 주장하며, 성공적인 학습을 이끌어내기 위해서는 주의집중이 필요함을 강조하였다. 또 단순한 감각에서 오는 자극이나 관심뿐만 아니라 지적인 호기심까지 자극함으로써 주의를 기울일 수 있고 동기를 유발할 수 있다면 학습효과는 반드시 일어난다고 주장하였다.

주의집중(Attention)은 예기치 못한 자극에 주의를 끄는 지각적 각성, 유발된 주의집중으로 호기심이 생기는 탐구적 각성, 다양한 변화로 지루함을 극복하게 하는 변화성으로 구성되어 있다. 수업시간에 잠시 마술을 보여주어 학생들의 주의를 끈다든지, 재미있는 이야기로 호기심을 자극한다든지, 강의를 할 때 사진자료나 동영상자료 등을 보여주며 지루하지 않게 하는 것 등이 주의집중을 유발하는 전략이 된다.

(2) 관련성(Relevance)

학습자의 동기를 유발하기 위해서는 학습내용과 목적, 흥미, 환경 등을 연계하여 진행하면 더욱 효과를 볼 수 있다. 그리고 학습자에게 목적을 분명히 인식시키고 지각하도록 하는 것은 학습결과와도 많은 관련성을 갖는다. 그러기 위해서는 명료한 학습목표를 제시해주는 목적지향성, 학습자 개인의 흥미와 성향을 연결시켜 관련성을 갖도록 하는 모티브 일치, 학습자의 환경이나 경험 등과 연결하여 낯선 것을 친밀하게 함으로써 관련성을 찾는 친밀성으로 구성되어 있다.

관련성과 관련된 동기전략으로는 그 수업이 학습자에게 중요함을 인식시키고 학생들이 흥미를 갖는 내용을 다루며 학생들에게 친숙한 요소와 연결시켜 가르치는 것 등이 있다.

(3) 자신감(Confidence)

자신감의 요소는 학습자가 학습을 수행하는 데 있어 원동력이 될 수 있으며 자신이 어떻게 지각하고 기대하느냐에 따라 결과에 많은 영향을 미친다. 자신감이 떨어진 학습자는 일종의 불안과 초조를 느낄 수 있는데, 이러한 심리상태는 학습효과를 저지시킬 것이다. 바둑수업에서 계속 패점을 기록한다거나 어려운 내용을 배울 때 학생들은 자신감을 잃게 되기 쉽다. 이런 학습자들은 머지않아 중도탈락할 가능성이 높다.

자신감과 관련해서는 목적 추구를 위해 노력하고 예측하면 성공을 위한 동기 유발이 된다. 성공적인 요건과 기대요소를 확립하게 하는 학습요건, 학습자가 성공할 수 있도록 학습경험을 제공하는 성공 기회, 자신의 노력이 자신의 성공으로 이어질 수 있다는 믿음을 갖는 개인적 통제로 구성되어 있다.

(4) 만족감(Satisfaction)

학습자가 자신이 세운 목표를 달성함으로써 긍정적인 만족감을 얻는 것으로 이 요인은 학습자의 기대감과 관련이 있으며 성공적인 학습경험과 성취는 곧 동기와 직결된다.

학습자가 학습에서 기대하는 바를 얻게 된다면 만족해 할 것이며, 이후에 학습에도 의욕을 보일 것이다.

만족감에 관한 동기유발 요인은 학습경험을 통해 만족감을 얻는 내재적 강화, 학습자에게 성공에 대한 보상이 제공되는 외재적 강화, 학습자가 학습 경험에 대해 공정하게 처리되었는지를 지각하는 공정성으로 구성되어 있다. 바둑실력이 늘고 싶어 하는 학습자는 학습을 통하여 실력이 조금씩 향상된다면 마음속으로 흐뭇해 할 것이다. 또한 자신이 잘 했을 경우 상이나 칭찬과 같은 보상이 주어진다면 동기가 더 높아질 것이다. 다른 학습자와의 평가에서 공정하게 처리하는 것이 중요하며 학습평가가 공정하지 못하다고 느끼면 학습자의 만족감은 떨어진다.

읽어보기

Keller의 교수동기전략이론
(ARCS의 결합 = 효과적인 교육)

학습자의 동기가 학습에 얼마만큼 큰 영향을 미치는가는 기존의 수많은 이론이나 연구들을 통해 입증되었으나 이것을 체계적으로 정리하고 설명한 모델은 거의 없었다. 그러나 이러한 동기를 체계적인 기반을 정립하여 동기연구를 실행한 것이 바로 켈러의 학습동기이론, 동기유발교수설계 이론이다.
즉, 동기유발 요소인 4가지 요건인 주의집중, 관련성, 자신감, 만족감이라는 요건을 충족시키도록 설계하면 효과적인 수업이 된다는 이론이다. 4가지 요건의 영문 앞 글자를 따서 ARCS모형이라고도 부른다. ARCS이론은 학습의 가장 기본은 동기인 것을 강조하며, 교수자가 전략적으로 다루어야 할 동기가 무엇인지, 그리고 동기가 학습에 어떠한 영향을 미치는지에 대해 체계적인 접근방법을 사용하고 있다.

4) 학습동기 유발요소

학습에서의 동기유발은 크게 내재적 동기유발과 외재적 동기유발로 나눌 수 있다. 내재적 동기유발에는 흥미, 욕구, 호기심, 즐거움 등이 있으며 외재적 동기유발에는 보상과 처벌 등이 있다. 내재적 동기유발과 외재적 동기유발을 살펴보면 다음과 같다.

(1) 내재적 동기유발

내재적 동기는 기본적으로 학습자가 학습에 대해 흥미나 호기심을 가지고 하고자 하는 욕구, 알고자 하는 욕구 등과 같은 다양한 욕구를 통해 반응하는 것을 말하는 것이며, 이를 이끌어내기 위해서는 다음과 같은 내재적 동기유발 요소가 있다.

① 흥미, 즐거움

누구나 흥미 있어 하는 행동이나 즐거움이 있는 행동에 대해서는 지루해하거나 힘들어 하지 않을 것이다. 이는 학습에서도 마찬가지로 학습을 하는 과정에서 흥미를 갖게 된다거나 즐거움을 얻게 되면 학습자는 그 행동을 지속적으로 하게 된다. 그리고 이러한 흥미와 즐거움은 학습동기를 자극함으로써 성취결과에도 적지 않은 영향을 미치게 된다.

② 욕구, 호기심

인간이라면 누구나 지적 호기심을 가지고 있으며 알고자 하는 욕구, 밝히고자 하는 욕구 등과 같이 생리적으로든 심리적으로든 자신이 생각하는 목표를 향해 끊임없이 탐구하고자 한다. 그리고 이러한 호기심은 학습을 참여하는데 원동력이 되는 동시에 성취 결과와도 적지 않은 연관성을 갖는다.

③ 칭찬, 격려

'칭찬은 고래도 춤을 추게 한다'는 말이 있다. 이 말은 누구나 타인으로부터 칭찬을 받고 인정을 받는 것을 좋아한다는 의미이다. 칭찬이라는 요소는 언제, 어디서든, 누구에게나 적용되는 에너지라고 할 수 있다. 학습을 진행하다 보면 자신이 세운 목표에 도달하는 사람이 있는가 하면 실패하거나 도태되는 사람도 있다. 이때 학습에서의 칭찬과 격려가 학습자로 하여금 다시 할 수 있도록 자신감을 불어넣어주며, 틀린 것을 다시 수정할 수 있도록 이끌어주는 하나의 동기부여이자 교육의 열쇠가 된다.

(2) 외재적 동기유발 요소

외재적 동기는 활동 그 자체에 관심을 갖는다거나 재미를 찾기보다는 그것이 가져다줄 외적인 것에만 관심을 갖는 동기를 말한다. 즉, 보상, 강화, 처벌과 같이 환경적인 요인에서 찾는 동기유발요소가 외재적 동기유발요소가 된다.

① 보상과 강화

보상은 행동 결과에 따라 매력적인 사물이나 사건으로 성공한 대가를 마련해주는 것을 말한다. 예를 들어 학습활동 과정에서 올바른 행동이나 목표에 도달하였을 때 소모품(먹을 것), 소유품 등을 보상으로 준다면 외재적 동기유발이 된다. 행동주의 심리학에서는 이러한 외적 보상을 사용하여 바람직한 행동을 유도하는 것을 '강화'라고 표현한다. 강화는 학습자로 하여금 동기를 유발하는 좋은 요소가 된다. 이때 보상(강화)의 크기나 시기, 규칙 등을 잘 고려하여 진행하여야 한다.

② 경쟁과 협동

경쟁은 상대방과 내가 누가 더 우월한지를 겨뤄보는 형태로 이러한 요소가 외재적 동기유발 요소가 될 수 있다. 예를 들어 인간의 경우 상대방보다 높아지려고 하거나 남보다 더 빨리 해서 이기려고 하는 경쟁지향적인 심리를 가지고 있다. 다시 말해 경쟁이라는 요소는 학습자가 학습목표에 도달하기 위해 박차를 가하는 원동력이 되기도 하며 이러한 경쟁심리로 혼자 할 때보다 상대방과 함께 함으로써 능률적이고 효과적인 수행이 될 수 있다. 또 협동과 같이 상대방과 협력하고 함께하는 요소들이 동기를 유발하는 데 도움이 된다.

바둑학습의 동기는 무엇일까?

바둑은 본래 선인들의 고풍스런 여가수단이었고, 조선시대 귀족층이 즐기던 놀이문화였으며, 금기서화(琴棋書畵)[1]라고 하여 선비들이 꼭 갖추어야 할 덕목 중에 하나이기도 하였다. 동양의 고전적인 놀이문화인 바둑은 현대에 들어와 어떻게 활용되고 있을까? 그리고 사람들은 왜 바둑학습에 참여하려고 하는 것일까?

이는 대상에 따라 참여동기와 목적이 다르게 구분될 수 있다. 바둑을 배우는 대상은 크게 유아와 아동, 청소년, 성인남녀, 노인으로 나눌 수 있다.

◎ 유아와 아동
- 바둑교육계의 약 90% 이상을 차지하는 유아와 아동은 대부분 바둑을 통한 교육적 효과를 얻기 위해서 참여하는 경우가 많다. 예를 들어, '바둑을 배우면 집중력이 향상된다, 두뇌개발이 된다, 인성함양에 좋다 등'의 이유로 바둑교육에 참여한다.

◎ 청소년
- 청소년 또한 질풍노도의 시기에 집중력 향상과 인성함양에 도움을 받기 위해 참여하는 경우가 있으며, 일부 그룹에서는 프로기사를 지망하는 청소년들도 있다. 그러나 프로기사를 지망하는 학생들을 제외하고는 바둑교육 참여가 활발하게 이루어지지 않는 연령대이다.

◎ 성인남녀
- 성인남성: 대부분이 취미생활로 바둑을 즐기고 있으며 바둑교육에 참여하는 가장 큰 목적은 기력을 향상하기 위해 바둑공부를 한다.
- 성인여성: 성인 여성은 기력향상을 위한 목적보다 취미의 수단이자 사교의 수단으로 바둑을 즐긴다.

◎ 노인
- 바둑의 효용성과 기력 향상보다는 친구와의 사교수단과 취미수단으로 바둑을 활용하는 경우가 많다.

5) 바둑의 동기유발 요소

학습동기에 관한 이론과 전략을 살펴보았는데, 바둑학습에서도 이러한 학습동기를 이해하고 적절히 처치하는 것이 필요하다.

바둑학습은 그 자체가 흥미로운 경험이기 때문에 대부분의 학습자들은 내재적인 동기를 갖는다. 즉, 바둑의 재미와 승부를 겨루는 게임의 재미에 동기화되는 것이다. 아동학습자의 경우 학부모들은 주의력 향상, 지적 능력 발달 등과 같은 외재적 동기에 의해 바둑학습에 참여시키지만, 아동학습자는 이런 외적인 요인보다 바둑 자체의 흥미에 의해 동기를 갖는 경우가 대부분이다.

초보 학습자의 경우 바둑돌을 잡아서 따내는 것에 흥미를 갖는 경우가 많은데, 기력이

---

1) 거문고, 바둑, 글씨, 그림

높아갈수록 포석의 창조성, 행마의 미학, 공방전의 묘미 등과 같은 다양한 요소로 흥미의 소재가 이동하게 된다. 따라서 바둑지도사는 학습자의 동기 소재를 잘 이해하여 이러한 내적 흥미를 잃지 않도록 조치를 할 필요가 있다.

바둑교육에서 동기유발 전략이 많이 요구되는 학습자는 바둑학습에 재미를 못 느끼고 지루해하는 학생들이다. 배우는 것이 재미가 없거나 어려우면 자신감이 떨어지게 되고 동기 수준이 낮아지게 된다. 이런 학습자에게는 성공적인 경험을 많이 하게 하여 자신감을 높여주고 어려워하는 내용을 찾아 보충학습을 하도록 하는 등의 노력을 기울일 필요도 있다. 또한 칭찬이나 상품 같은 강화물을 사용하여 동기 수준을 높이는 전략도 사용해야 한다.

일반적으로 바둑학습에서는 대국결과, 강의자세, 정리정돈, 예절 등에서 학습자가 긍정적인 태도를 보였을 때 강화를 해줌으로써 동기를 유발하는 전략을 사용한다. 바둑에서 사용하고 있는 동기유발요소로는 초콜릿 등 먹을 것을 주거나 스티커 판을 만들어 학습자가 적절한 행동이나 문제를 맞혔을 때 문제를 맞힌 사람에게 스티커를 주어 성과표를 다 채우도록 하는 방식 등이 있다. 이외에 레이스 달리기, 보드게임 형식의 성과표 등 다양한 성과표들을 사용하는 것도 아동들의 흥미와 관심을 유발할 수 있다. 학습자의 동기를 유발하기 위하여 교사는 관심을 갖고 다양한 동기유발 요소를 구성하는 것이 중요하다.

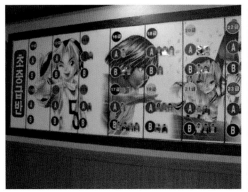

급수안내판

기력순위

동기유발요소(포인트 제도)

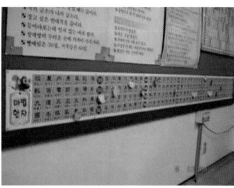

동기유발요소(성과표)

 학습활동

▌ 활동 1 ▌ 바둑학습 동기에 관한 토론 　　ACTIVITY

교육에 있어 학습동기가 매우 중요한 요소이다, 바둑교육에서 학습자가 어떤 동기에 의해 학습에 참여하는지에 관하여 토론해 보기로 하자,

▌ 활동 2 ▌ 동기유발 전략 토론 　　ACTIVITY

바둑수업에서 학습자가 과제를 잘 해 오지 않고 실전대국에서도 저조한 성적을 기록 하여 자신감이 많이 떨어져 있다고 할 때 바둑교사는 어떤 방법을 쓰는 것이 좋을까? 동기유발 전략에 관하여 토론해 보기로 한다,

2. 학습자와 학부모 상담

▌ 학습목표	1. 상담의 정의와 중요성을 설명할 수 있다.
	2. 학습자 상담과 학부모 상담의 차이점을 설명할 수 있다.
	3. 대상자의 특성에 맞게 상담하는 방법을 제시할 수 있다.

학습내용

바둑교육 실무에서 학습자와 학부모 상담은 상당히 중요한 부분이다. 본 장에서는 상담의 전반적인 이론과 함께 교육현장에서 상담을 해야 할 때 활용할 수 있는 방법을 배우기로 한다.

1) 상담의 정의와 종류

상담(相談)은 도움이 필요한 사람인 내담자와 도움을 줄 수 있는 상담자 간에 이루어지는 활동이다. 의사소통에 의해 이루어지는 활동이며 인간관계를 형성하고 변화시키는데 아주 중요하다.

교육에 있어 학습자가 도움을 얻고자 할 때나 혹은 어려움에 처해 있을 때 교사 등상담자에게 상담을 하려고 한다. 바둑교육에서는 처음에 참여하려고 할 때 학습자나 학부모가 상담을 하는 것이 일반적이다. 또한 학습을 하는 과정에서도 학습자 및 학부모와직접 만나거나 통신문 등을 통해 상담을 하게 된다.

이처럼 상담을 할 때 상담자는 어떻게 해야 할까? 질문하는 사항에 대하여 답변을 해주면 되니 상담이 특별히 어려운 것은 아니지만 상담을 원활하게 진행하기 위해서는 상담자가 이에 관한 지식과 요령을 알아둘 필요가 있다.

(1) 아동상담

아동과 상담할 때는 성인과 상담할 때와 차이가 있다. 아동의 경우 성인에 비해 아직

미성숙하기 때문에 감정 표현이나 행동, 대화 등에 있어서 조금은 서투를 수 있다. 그렇기 때문에 자신의 상태를 제대로 전달하지 못할 수도 있고, 또 왜곡되어 설명하거나 과장되어 설명하는 등 상담이 원활하게 이루어지지 않을 수도 있다.

그렇다고 상담을 하기에 부적절하다고 말할 수 없으며 의사소통이 원활하게 이루어질 때까지 상담을 미루어서도 안 된다. 그리고 오히려 아동이든 성인이든지 간에 의사소통에 어려움을 갖는다거나 힘든 상황에 처해 있다면 더더욱 상담이 필요한 것이다.

아동은 상담을 하기에 많은 어려움이 따른다. 그렇기 때문에 아동의 전반적인 발달, 심리, 성향, 기질 등과 같은 아동에 대한 지식을 습득하고 상담에 임해야 한다. 그래야만 아동을 정확하게 판단하고 상담해 줄 수 있으며 상담이 종결되었을 때 문제를 해결할 수 있는 대안이나 방법을 제시해 줄 수 있다. 즉, 아동상담의 경우 성인이 생각하는 시각에서가 아닌 아동의 관점에서 이해할 필요가 있으며, 성인에 비해 아동상담이 비교적 어려운 부분이 있기 때문에 상담자는 아동에 대해 최대한 이해하고 아동에 대한 지식을 숙지하고 상담에 임해야 한다.

아동상담을 할 때는 다음과 같은 점을 숙지해야 한다.

① 아동과 라포[2]를 형성한다.
② 아동의 눈높이에 맞추어 상담한다.
③ 아동이 이해할 수 있는 언어를 사용하며 정확한 발음과 억양의 변화를 주며 자연스럽게 대화를 이끈다.
④ 적당한 제스처를 사용하며 상담한다.
⑤ 다양한 교구나 보조도구를 사용하여 상담한다.
⑥ 때로는 비언어적인 의사소통 방법이 필요하다.

(2) 학부모 상담

아동교육에 있어서 학부모는 아동 자신보다도 더 큰 권한을 가지고 있는 경우가 많다. 학부모 중 아동의 교육에 관해서는 아버지보다 어머니가 더 많은 비중을 차지할 것이다. 그래서 바둑교육에서는 학부모 상담이라고 하면 대부분 어머니와의 상담을 의미하는 경

---

2) 라포(rapport)는 '관계'라는 뜻을 가지고 있으며 상담이나 치료 및 교육을 할 때 원활한 진행을 위해 먼저 관계를 친근하게 조성하는 것을 말한다.

우가 많다.

학부모 상담을 할 때에는 말할 필요도 없이 상담의 기법을 올바르게 이해하고 적절하게 활용할 수 있어야만 한다. 특히 학부모가 바둑교육에 어떤 생각을 갖고 있는지, 자신의 자녀에 대하여 어떤 기대를 하고 있는지 등에 관하여 이해하고 상담을 진행해야 한다. 일반적으로 학부모는 자신의 자녀교육에 관심을 가지고 학습이 어떤 식으로 이루어지는지, 어떤 성취를 이루고 있는지 등을 알고 싶어 한다. 그런 계기에서 상담을 요청하는 경우가 많이 있으며, 자신의 자녀의 평가에 대해서 환대하기를 기대하는 마음이 크다. 그래서 실제 자녀에 대한 평가가 낮게 나오면 비합리적인 태도를 보이기도 한다. 이렇듯 학부모는 자녀교육에 민감하게 반응하기 때문에 커뮤니케이션이 중요하고 이러한 결과가 곧 상담으로 이루어진다. 이때 교사는 학부모에게 학습자의 상태를 제대로 전달하기 위해 반드시 학습자의 유형, 학습수행 정도와 발전과정 등에 대해 숙지하고 있어야 한다. 만약 숙지하지 못할 경우에는 학부모는 교사를 신뢰하지 못하는 상황이 일어날 수도 있다. 교사가 학부모 상담을 할 때 유의해야 할 점은 다음과 같다.

① 자녀가 없는 상태에서 상담이 이루어진다.
② 부모가 자녀에 대해 편안하게 이야기를 할 수 있도록 자연스러운 상황 을 이끌어 낸다.
③ 의견을 주장하기보다는 학부모의 말을 경청하도록 한다.
④ 자녀의 문제를 상담자가 아닌 학부모가 먼저 설명할 수 있도록 이끈다.
⑤ 부모의 말에 적당한 공감적 반응을 한다.
⑥ 자녀의 문제를 꼭 그 학생만이 아닌 다른 친구들에게도 같은 문제가 나온다고 안심시키면서 접근한다.
⑦ 자녀의 특징이나 문제에 대해 개인적인 관점으로 상담에 임하기보다는 객관적인 관점과 전문적인 지식으로 접근하여 상담하도록 한다.
⑧ 부모와의 대화에서는 가급적 지시어나 명령어를 사용하지 않되, 문제를 개선하기 위한 부모의 행동과 역할을 조심스럽게 조언한다.
⑨ 비대면에서의 상담은 오해의 소지나 올바른 상담이 이루어지기에는 제약이 있으므로 더욱 공손하고 친절하게 상담하도록 한다.

2) 상담자의 자세

상담을 성공적으로 진행하기 위해서는 상담자가 갖춰야 할 점들이 있다.

(1) 애정적인 마음

상담을 하러 올 때 내담자는 힘든 상황일 수 있다. 상담이 처음이라면 어색할 수 있으며 위축된 기분을 느낄 수도 있다. 내담자에게 고민이 있거나 상황이 어려울 수 있으며 혹은 자신의 이야기를 하고 싶다거나 자신을 더더욱 발전하기 위해 상담을 요청할 수도 있다. 그렇기 때문에 상담자는 내담자를 받아주고 이해해 줄 준비가 되어 있어야 한다. 또 내담자를 포근히 감싸 안아줄 수 있는 넓은 마음도 필요하다.

상담이 어색하고 힘든 상황이니만큼 애정적으로 대하면 내담자는 자신의 상태를 상담자에게 더욱 솔직히 털어놓을 수 있고, 그러면서 문제나 상담거리, 고민거리 등을 해결할 수 있는 실마리를 찾을 수 있다. 내담자의 대부분이 자신의 상태를 잘 알지 못하거나 도움이 필요하여 상담자에게 도움을 요청한 것이니만큼 상담자는 열린 마음으로 상담자를 맞이해야 한다.

(2) 내담자에 관한 지식

상담을 할 때 상담자는 상담을 하러 온 내담자에 관한 지식과 정보를 어느 정도 알고 있어야 한다. 내담자는 어느 누구도 될 수 있다. 그리고 어떠한 환경에 처해 있느냐에 따라 내담자는 많은 대상으로 나뉠 수 있다. 즉, 교육현장에서 상담이 필요한 사람이라면 내담자는 학습자가 될 것이다. 여기서 학습자는 유아도 될 수 있을 것이며 아동, 청소년, 성인, 노인 등 다양한 연령층이 될 수도 있다. 학습자는 자신을 진단하기 위해서이거나 어려운 상태 혹은 고민거리가 있을 때 상담을 요청한다. 내담자는 객관적이기보다는 주관적으로 자신의 입장을 얘기할 것이며 이를 객관적으로 판단할 중재자이자 상담자가 필요하다.

이때 상담자는 대상이 누구이든 간에 내담자에 대한 기초적인 지식을 알고 있어야 한다. 가령 내담자가 아동이라 할 때 상담자는 아동의 발달이라든가, 기본적인 아동의 심리상태, 성향 등과 같은 아동의 전반적인 지식을 알고 있어야만 상담이 가능하다. 대상에 맞는 상담을 하기 위해서는 상담자는 대상에 대한 기본적인 지식과 더불어 상담에 접근하는 방법, 스킬까지도 숙지하고 있어야만 원활한 상담이 이뤄질 수 있다.

만약 상담자가 내담자에 관한 이러한 기본지식을 갖추지 않고 상담을 진행하는 경우 상담이 무의미하게 끝이 날 수 있다. 내담자의 문제가 해결되지도 않고 상담이 종결되거나 상담을 종결할 때 잘못된 정보를 제공하는 등 2차적인 문제가 일어날 수 있다. 적절치 않은 상담을 하는 것은 상담을 하지 않는 것보다 더 좋지 않은 결과를 초래할 수도 있다. 그러므로 상담자는 상담에 관한 기본적인 스킬은 물론 대상에 대한 전반적인 지식을 반드시 숙지하고 있어야 한다. 상담자는 내담자의 외적인 상태에 관해서뿐만 아니라 내적인 상태까지도 이해하고 있어야 한다.

3) 상담의 기법

상담을 하는 데는 몇 가지 기법들이 있다. 상담을 효과적으로 하기 위해서는 이러한 기법을 응용할 필요가 있다.

(1) 경청

상담을 할 때에는 상대방의 말을 경청하는 것이 매우 중요하다. 경청을 하게 되면 내담자의 문제점이 무엇인지 판단할 수 있는 좋은 기회를 가질 수 있을 뿐만 아니라 경청하는 과정에서 상담에 대한 내용을 정리할 수 있다. 또 문제 행동이나 도움을 요구하고자 하는 부분에 대해서도 차분히 짚고 넘어갈 수 있다.

상담을 연구하는 학자들은 상담할 때 내담자의 말을 들어주는 것만으로도 상당한 효과가 있다고 한다. 자신이 하고 싶은 말을 상담자가 머리를 끄덕이며 들어줄 때 내담자는 만족감을 느낀다는 것이다.

상담에서 대화의 적절한 비율은 7대 3이다. 7할만큼 듣고 3할만큼 말을 하는 것이 적절하다. 경청하는 자세는 상대와 자연스러운 분위기를 조성할 수 있으며 안정적인 상담이 진행된다. 만약 상담자가 말이 너무 많거나 자기말만 하려고 한다면 상담의 오류를 범하기 쉽고 내담자가 오히려 거부반응을 일으킬 수 있는 여지가 있다. 때때로 내담자의 스타일이 너무 소극적이거나 말을 하기를 꺼려하는 스타일이라면 상담자가 좀 더 많은 말을 해도 된다.

(2) 공감

공감은 상대와의 친근감을 형성하는 데 중요한 역할을 한다. 그리고 어색한 상황이라 하더라도 공감대가 형성되는 그 순간부터 자석에 끌리듯 자연스러운 대화가 진행된다. 그렇게 때문에 내담자와의 상담에서는 이러한 공감대를 형성하는 것이 매우 중요하다. 즉, 내담자가 어떠한 자신의 상태를 이야기한다거나 문제점을 이야기할 때 공감해 주고 이해해 주는 것은 상담에서 가장 중요한 기술이라 해도 과언이 아니다.

그리고 공감의 과정에서 적당한 강조와 역양, 음조를 달리하여 대응하는 것도 상담을 자연스럽게 이끌어 나갈 수 있게 되는 키포인트가 된다.

(3) 어조, 억양, 속도

상담이 아니더라도 말에서의 어조와 억양, 언어의 속도는 매우 중요하다.

억양과 어조는 대화를 이끌어내는 데에 결정적 역할을 하며 어조는 너무 높지도 낮지도 않게 해야 하며 억양은 센 발음보다는 부드러운 발음이 상담하는 데 도움이 된다. 또 언어의 속도도 너무 빨리 말하게 되면 전달받는 내담자가 어리둥절할 수도 있고 문제의

해결점을 제대로 이해하지 않고 지나갈 수도 있기 때문에 적당한 속도로 언어를 조절하는 것도 중요하다.

적당한 속도로 상담을 진행하는 것은 상담 내용의 전달 측면에서도 중요하다. 속도가 적당해야 상담 내용을 전달할 때 빠지지 않고 오목조목 따져가면서 이야기를 전달할 수 있고 상담의 오류를 줄일 수 있다.

(4) 비언어적인 의사소통

상담을 할 때는 언어적인 의사소통이 중요하지만, 비언어적인 의사소통도 상당히 중요하다. 즉 제스처(몸짓)나 눈맞춤과 같은 행동이 상담의 효과를 높이는 데 도움이 된다.

적당한 제스처는 상담의 분위기를 좋게 만든다. 얼굴 표정이나 어깨와 같은 신체 부분을 사용하여 상담하게 되면 상담을 보다 자연스럽게 이끌어낼 수 있다. 부드러운 얼굴 표정과 적당한 제스처는 상대방의 이해와 공감을 이끌어내는 중요한 요소가 되기도 한다. 반면, 노려보는 눈이나 너무 많은 제스처는 상담에 방해가 되기 때문에 내담자의 특성에 따라 적당한 상담기법을 사용하여야만 한다.

상담을 할 때 상담자와 내담자 간의 눈맞춤은 서로간의 공감이나 이해할 수 있는지에 대한 능력을 나타내기도 한다. 서로의 소통과 감정에 있어서도 눈맞춤을 하며 상담을 진행할 때 자연스러운 분위기에서 상담이 진행되는 것은 물론 서로 간에 감정적 요소에도 긍정적인 영향을 준다. 반면 눈을 마주치치 않으면서 상담을 진행하게 되면 내담자의 심리상태가 불안하다거나 의심 혹은 비공감 등과 같은 부정적인 관계 형성이 이뤄질 수 있기 때문에 서로 눈을 맞추며 상담하는 것이 매우 중요하다.

4) 바둑교육의 상담

바둑교육은 다양한 교육 분야 중에서 상담이 많이 이루어지는 분야 중 하나이다. 상담을 필요로 하는 대상은 아동보다는 학부모가 더 많다. 학습자인 아동은 바둑을 배우고 대국을 하는 등의 활동에 관심을 갖는 반면, 학부모는 자녀가 바둑교육을 통하여 어떤 효과를 거둘 것인지, 또한 바둑교육에서 어떤 행동을 보이고 얼마만한 성취를 하는지 등에 관심을 갖는다. 상담을 통해 학부모들은 이러한 것에 관한 정보를 얻고 싶어 하는 것이다.

최초로 자녀를 바둑교육에 참여시키려고 할 때 학부모들은 교사와 상담을 하여 정보를 얻으려고 한다. 사회에 널리 알려진 '바둑을 두면 머리가 좋아진다', '바둑을 두면 집중력이 좋아진다'와 같은 바둑의 긍정적 효과에 관한 인식은 학부모에게 많은 영향을 끼친다. 이러한 인식에 영향을 받아 많은 아동과 학부모들이 바둑교육기관을 찾는다. 특히 ADHD(과잉행동장애)의 성향을 가진 아동의 학부모들은 자녀의 심리치료를 위하여 바둑교육에 참여시키려고 한다.

이들 학부모들을 대상으로 한 대부분의 바둑교육 상담은 바둑의 효과성에 관한 질문이 압도적으로 많다. 그중에서도 두뇌계발과 집중력에 관련된 질문들이 많이 거론된다.

그렇다면 이때 바둑교사는 어떻게 상담을 해야 할까? 무엇보다도 바둑교사는 바둑의 특징과 장점을 잘 설명하여 학부모의 궁금증을 풀어 줄 필요가 있다. 이때 학부모들이 알아들을 수 있는 용어로 이해시킬 필요가 있으며 합리적으로 설득하기 위한 과학적 증빙자료가 있다면 더없이 좋은 상담이 될 것이다.

바둑교육 상담을 할 때 바둑교사가 명심해야 할 점들을 정리하면 아래와 같다.

🍎 **읽어보기**

바둑교육 상담의 요령

① 친밀한 분위기에서 편하게 대화할 수 있도록 한다.
② 공감대를 형성하며 경청하는 자세로 임한다.
③ 말소리는 작지만 분명한 어조로 말한다.
④ 설득할 때는 과학적으로 증명된 자료를 제시한다.
⑤ 설명하고자 하는 내용을 적당히 반복한다.
⑥ 말의 속도는 되도록이면 천천히 한다.
⑦ 학부모가 알아들을 수 있는 용어를 사용한다.
⑧ 학부모가 질문한 사항을 분명히 이해하고 정확하게 답한다.

바둑교육에서 학부모들이 주로 질문하는 내용을 정리하면 <표 3-1>와 같다. 이와 같은 내용이 나올 때 어떤 식으로 답변을 하는 것이 좋을지 알아둔다면 효과적인 상담을 하는 데 적지 않은 도움이 될 것이다.

<표 3-1> 바둑교육 상담에서 자주 나오는 내용

---

* 바둑을 배우면 진짜 집중을 할 수 있을까요?
* 바둑을 배우면 진짜 머리가 좋아지나요?
* 바둑을 배우면 진득하게 한 자리에 앉아 있을 수 있을까요?
* 요즈음 우리 아이가 바둑이 재미없어 하는데, 학원을 그만 다닐까 합니다.
* 우리 아이가 바둑을 지고 와서 계속 울고 더 이상 배우지 않겠답니다. 바둑을 많이 지니까 아이가 재미없어하는 거 같아요.
* 우리 아이가 지금 학원을 많이 다니고 있는데 아무래도 바둑을 끊어야 할 것 같아요. 죄송합니다.
* 우리 아이가 아빠랑 바둑을 두는데 별로 달라진 게 없네요.
* 우리 아이가 조금 느려요. 잘 따라 할 수 있을까요?
* 우리 아이 좀 나아졌나요?
* 우리 아이가 바둑을 즐겁게 둘 수 있게 해주세요. 아이가 즐겁게 바둑 두기를 원해요.
* 바둑을 3개월 배우면 어느 정도 실력이 될까요?
* 바둑은 얼마나 배워야 하지요? 얼마나 배우면 바둑을 잘 둘 수 있다고 할 수 있나요?
* 우리 아이가 장난이 심하고 말도 잘 안 듣는 편입니다. 바둑을 배우면 해결이 되나요?
* 바둑은 얼마나 배워야 하지요? 얼마나 배우면 바둑을 잘 둘 수 있다고 할 수 있나요?
* 바둑을 배우면 나중에 어떤 비전이 있죠?
* 우리 아이가 숫기가 없어요. 바둑을 배우면 친구들과 친해질 수 있을까요?

 학습활동

▌ 활동 1 ▌ 상담 요령에 관한 토론   ACTIVITY

　상담을 할 때에 상담자는 전반적으로 내담자에 대한 지식 알아두어야 한다. 그러나 내담자에 대한 전반적 지식이 있다고 하더라도 상담을 원활하게 진행하지 못하면 올바른 상담이 이루어질 수 없게 된다. 내담자에 관한 지식과 함께 바둑교육 상담을 하는 방법을 토론해 보자.

▌ 활동 2 ▌ 상담기법 실습하기   ACTIVITY

　바둑교육 상담의 요령을 실제로 연습해 보기로 한다. 한쪽은 상담자 역할을 하고, 다른 쪽은 학부모 역할을 하며 상담하는 연습을 해 보기로 하자. 학부모 역할을 하는 학생은 〈표〉를 참고하여 질문하도록 하고 상담자 역할을 하는 학생은 적절한 태도를 취하며 답변을 하도록 한다.

3. 교수매체 활용

▌ 학습목표	1. 교수매체의 중요성을 설명할 수 있다. 2. 교수매체의 기능을 설명할 수 있다. 3. 바둑 교수매체를 내용에 맞게 선정할 수 있다.

학습내용

교육매체는 교수자나 학습자가 교수목표에 달성할 수 있도록 사용하는 다양한 수단을 말한다. 본 장에서는 교수매체가 무엇이며 바둑 교수매체에는 어떠한 것들이 있는지 알아보기로 한다.

1) 교육매체의 정의와 기능

매체(media)는 라틴어 'medius'에서 유래된 말로 '맺어주는 역할'이라는 의미를 갖는다. 교육매체(교수매체)란 교수−학습과정에서 교사가 학습자에게 학습내용을 전달하기 위한 모든 수단이라 할 수 있다. 교수매체는 학습자가 교육내용을 명확하게 이해할 수 있도록 도와주는 역할을 한다. 초기에는 교재나 자료, 모든 기계를 의미하였으나 현재에는 학습내용, 환경, 시설, 실행, 평가 등과 같이 광범위한 개념까지 포함하고 있다.

교육매체는 교수가 학습자를 가르칠 때 사용되는 모든 보조수단을 말하며 이러한 방법은 교육목표에 달성할 수 있도록 도와주는 것은 물론 학습내용을 효율적으로 전달할 수 있게 한다.

교육매체는 다음과 같은 기능을 갖는다.

(1) 수업내용을 효과적으로 전달한다

수업시간 내에 학생들에게 직접적으로 모든 것들을 경험시킬 수 있는 것은 매우 한정적이며 비효율적일 뿐만 아니라 시간과 비용이 많이 든다는 단점이 있다. 그렇다고 너무 이론적으로 접근한다거나 언어로만 전달할 경우에는 교육이 효율적으로 진행되기 어렵다. 그리하여 이러한 문제점을 보완해줄 수 있는 방법으로 교육매체가 적절하다고 할 수 있다. 즉, 언어(이론)와 직접적인 경험 사이의 장벽을 교수매체가 연결해줌으로써 학생들로 하여금 간접적인 경험을 제공한다. 이는 어떠한 추상적인 상황과 이해도 영상이나 비디오, 그림, 사진, 청각적인 수업자료로 보완해줌으로 수업내용을 조금 더 풍성하게 제공하고 효과적으로 전달할 수 있는 환경이 만들어진다.

(2) 학습내용을 다채롭게 구성할 수 있다

수업의 경우 대부분이 강의식 수업이 보편적이라 할 수 있다. 과거에는 교재와 자료 등과 같은 극히 제한적인 물리적 도구를 사용하였다면, 현대에 들어와서는 영상, 모형, 청각적인 자료 등과 같은 다양한 물리적 도구들이 발달되었다. 그리하여 수업을 진행할 때 꼭 강의식 이론수업만이 아닌 시청각 자료로 학습내용에 맞는 다채로운 강의방법을 사용할 수 있다. 시청각자료로는 비디오, TV, 슬라이드 등이 이에 속한다.

(3) 동기유발 요소가 된다

다양한 교육매체를 활용하며 수업하는 것은 학습자로 하여금 흥미를 돋아주며 수업이 지루하지 않게 구성될 수 있다. 또, 다양한 매체를 통해 학습자가 학습에 적극적으로 참여할 수 있도록 도와주며 구체적인 상황이나 사례에 적절한 자료가 제공함으로써 학습자들의 지적활동에 따른 학습효과도 올라갈 수 있다.

(4) 시간을 효율적으로 사용할 수 있다

수업에 포함되어 있는 많은 양의 지식을 학습자에게 효과적으로 전달할 수 있다. 대부분의 매체는 메시지를 전달하는 기능을 하기 때문에 매체를 활용하면 학습자에게 내용을 전달하기 쉽고 학생 입장에서는 그러한 내용의 흡수가 보다 쉽게 이루어진다. 이렇게 함으로써 수업을 진행하는 데 있어 교사는 물론 학습자 모두 시간을 효율적으로 사용할 수 있도록 해준다.

(5) 학습의 질을 높여주며 학습과정에의 긍정적인 태도를 심어준다

매체를 적절히 활용한 잘 조직화된 수업은 수업의 질뿐만이 아닌 학습과정에서도 만족도가 올라갈 수 있다. 일반적으로 교사가 학습자를 교육할 경우 보조수단인 매체를 사용하여 교육하는 것이 그렇지 않을 때보다 학습효과가 높다는 연구결과들이 많이 있다. 즉, 글과 그림이 조화롭게 이루어지면서 교수과정에서 전달하고자 하는 지식요인을 분명하게 전달할 수 있으며 교육의 질과 매체를 통한 호감이 학습과정을 즐겁게 하고 만족할 수 있도록 만드는 기능을 할 수 있다.

(6) 교사에게 교수능력을 높여 준다

자칫하면 지루할 수 있는 수업도 매체를 어떻게 사용하느냐에 따라 교사의 역할에 긍정적인 이미지를 심어줄 수 있다. 교사 대부분이 교수매체를 쓰는 가장 큰 이유는 학습자의 학습 성취 증진에 있다. 이때 반복적으로 내용을 전달해야 하거나 기술적인 부분을 설명할 때의 어려움을 매체가 그 부담을 덜어주는 역할을 한다. 즉, 교사는 많은 지식과 정보의 양 중에서 중요한 부분들에 중점을 두어 효율적으로 구성할 수 있도록 수업을 진행할 수 있기에 상당부분은 교육의 질, 구성, 효과에 많은 도움을 준다.

이와 같이 교수매체는 다양한 특징과 기능들이 있으며, 교사나 학습자에게 긍정적인 영향을 많이 준다. 그러나 교수매체를 사용하기만 한다고 해서 무조건 효율성이 크다고 할 수는 없으며 이를 얼마나 잘 조직화하고 적절한 매체를 사용하였는지도 중요하다고 할 수 있다. 다시 말해 학습자의 특성은 어떠한지, 학습자가 요구하는 것은 무엇인지, 환경에 따라 사용할 수 있는 교수매체에는 어떠한 것들이 있는지, 어떠한 교수방법을 써야 하는지 등을 잘 고려하고 사용하여야 할 것이다. 잘 조직화된 수업은 학습자에 맞게 잘 계획되고 제작되어야 하며 이에 맞게 적절한 교수매체를 활용하였을 때 이루어지는 것이다.

2) 매체의 종류

효과적인 교육을 실시하기 위해서는 수업에 맞는 학습목표를 설정하고, 그 목표를 달성하기 위한 내용을 체계적으로 구성한 뒤 어떠한 방법과 수단으로 학습내용을 학습자에게 전달할 것인지 교수전략을 세우고, 그 다음으로 교수매체를 선정한다. 교수매체는 교수-학습과정에서 교사와 학습자 간의 정보를 전달하여 상호간의 의사소통이 가능하게 하는 매체에는 교과서를 비롯하여 인쇄물, 모형, 영화, 텔레비전, 게시판, 실물, 표본 등이 있다. 이러한 시청각 교수매체는 수업 분위기를 밝게 해 주고, 발화의 의미를 명확하게 해주는 상황을 제시하고 교사가 효과적으로 수업을 진행할 수 있도록 수행능력에 향상을 주게 된다.

교수매체의 종류를 분류해 보면 <표 3-2>와 같다.

〈**표 3-2**〉 교수매체의 종류

1) 언어자료:
① 교과서, 자습서와 같은 인쇄물
② 영화, 텔레비전, 슬라이드, 컴퓨터에 수록된 문자언어
③ 칠판, 게시판, 융판 등에 표시하는 문자
2) 동영상자료: 흑백 및 컬러 영화, 텔레비전 또는 비디오 자료
3) 정사진: 흑백, 칼라사진
4) 녹음: 본인녹음테이프, 레코드, 각종 사운드 트랙
5) 그래픽 자료: 차트, 그래프, 지도, 도형, 회화 등 도식표현자료
6) 실물: 인물, 사건, 사물, 견학, 시연 등
7) 학습프로그램: 프로그램화되어 있는 교재. 티칭머신과 CAI용 학습 프로그램 등
8) 시뮬레이션: 모의훈련 장치에 의한 훈련과 게임 등

교수매체의 활용은 학습대상과 학습목표, 학습의 목적과 형태 등에 따라 달라지며 매체가 잘 선정되었는지에 대한 여부는 수업내용의 전달과 효율성, 학습자의 이해와 만족, 학습에 대한 효과 등 다양한 조건들이 얼마나 잘 충족되었느냐에 따라 좌우된다.

현 아동바둑교육의 문제점
- 다양한 교수매체를 활용하라 -

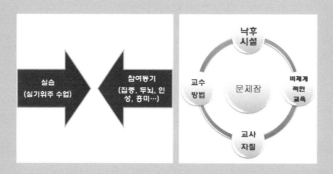

현재 바둑교육은 학습자의 Needs(원하는 것)에 무엇인지, Needs 부응하기 위한 교육은 어떻게 실행해야 하는지를 고민하지 않는다. 바둑교육에 참여하고자 하는 동기(집중력, 두뇌개발, 인성함양 등)가 다양해진 만큼 바둑교육 또한 그에 따라 교육방법, 교육프로그램, 교수매체도 달라져야 한다. 그러나 바둑교육이 실행된 지 약 30년이 넘었음에도 불구하고 교구는 물론이고 교육환경, 교수매체에 대한 활용도 크게 변화하지 못하고 있다. 타 아동교육기관과 바둑교육 현장을 비교하면 변화하지 않는 교육방법, 교육환경, 교육매체 등의 단점이 더욱 여실히 드러난다. 예를 들어, 타 아동교육기관은 창의교육, 열린교육, 영재교육이라는 큰 틀과 교육목표에 맞춰 적절한 교수방법과 교육환경, 교육프로그램과 교수매체 등을 다양하게 사용하며 교육하고 있다. 그러나 바둑교육은 교사 위주의 수업, 문제풀이식 수업으로 진행하고 있으며 자석바둑판과 바둑용구를 제외한 매체활용이나 환경에도 30년 전 교육을 그대로 답습하고 있다. 바둑에 다양한 문화와 매스미디어가 발달되어 있는 만큼 바둑교육 또한 타 아동교육기관을 본받아 다양한 교육프로그램, 교수방법, 매체활용 등으로 교육해야 할 것이다.

3) 바둑과 교수매체

　교수-학습과정에서 교수매체는 수업에서 중요한 역할을 한다. 바둑교육에서도 역시 어떠한 매체를 사용하느냐에 따라 학습자에게 수업의 효과가 달라질 수 있다. 바둑교육에서는 다른 분야의 교육과 다른 독특한 매체가 있다. 바로 강의용 자석바둑판이다. 바둑판을 포함하여 바둑에서 사용하는 교수매체를 열거해 보면 <표 3-3>과 같다.

〈표 3-3〉 바둑의 교수매체

1) 교육내용 알림판: 칠판 , 화이트 보드판, 융판 등
2) 모형: 자석바둑판, 자석바둑돌, 다양한 바둑용품
3) 사진: 바둑과 관련된 사진(프로기사 사진, 바둑용품…)
4) 신문: 바둑 관련 신문(조선일보, 중앙일보, 바둑신문 등)
5) 책자: 바둑이론 서적, 바둑 관련 잡지(월간바둑, 바둑세계)
6) TV: 바둑전문채널, 공중파 방송 등
7) 프로그램: 기보편집기, 바둑프로그램
8) 인터넷: 각종 바둑인터넷 사이트

(1) 교육내용 알림판: 칠판, 화이트보드, 융판 등

교육내용 알림판은 오늘 배울 내용을 칠판이나 화이트보드 혹은 융판과 같은 곳에 적어두어 학습자가 오늘 배울 내용이 무엇인지 숙지하게 하고 기억할 수 있도록 도와주는 매체이다. 바둑교육기관에서 1년을 넘게 바둑을 배웠다고 하더라도 아동의 경우, 오늘 배운 내용이 무엇인지 예전에 배웠던 내용이 무엇인지 기억하지 못하는 경우가 많이 있다. 그 이유는 바둑 분야에 일반용어와는 다른 생소한 용어들이 많이 있으며, 대부분이 한자로 되어있어 학습자들이 어려움을 느낄 수 있다. 따라서 오늘 배울 내용을 수업을 준비하는 과정이나 수업 중에도 계속 숙지할 수 있도록 알림판에 적어두는 것이 보다 효율적이다.

바둑학원에서 이러한 교육알림판이 학습자의 이해를 돕고 교육에 도움이 된다면 구비해 두는 것이 좋을 것이다. 칠판이나 화이트보드는 누구나 쉽게 구입할 수 있으며 분필가루가 날린다는 단점이 있으나 화이트보드는 수성펜을 사용하기 때문에 기록을 한다거나 학습을 전달하는 데에는 크게 문제가 없다.

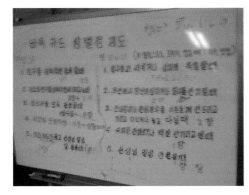 

[그림 3-1] 화이트보드, 융판

(2) 자석바둑판과 바둑돌

바둑을 지도할 때 가장 많이 쓰이는 용구로서 자석으로 만들어져 세운 상태로 많은 사람들이 함께 바둑을 배울 수 있도록 만들어진 교구이다. 일반적인 바둑판은 나무와 돌로 만들어졌기 때문에 평면으로 두어야 하지만 자석바둑판과 바둑돌은 세울 수 있어 기보를 설명한다거나 바둑을 진행하는 현황을 실시간으로 많은 이들에게 보여줄 수 있는 장점이 있다. 자석바둑판은 철제로 되어 있어 바둑돌을 붙이기에 적절하다. 원래는 방송용으로 개발되었다가 후에 바둑교육 현장에서 거의 필수적인 교수매체가 되었다. 지금은 어느 바둑교육 현장에 가더라도 자석바둑판과 바둑돌을 볼 수 있을 만큼 대중화되었다.

자석바둑판과 바둑돌은 교수용 도구로서 바둑수를 설명하는데 매우 편리하다. 특정지점에 돌을 붙였다, 떼었다 하기가 용이하며 입문자나 초심자들에게 바둑규칙이나 기본기술을 설명할 때 모양을 제시하며 강의를 하는 용도로 사용되고 있다. 또 바둑방송에서 대국을 해설하거나 대국현황을 중계할 때에도 사용된다.

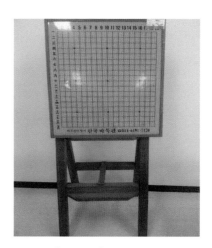

[그림 3-2] 자석바둑판

(3) 바둑과 관련된 사진

바둑은 유구한 역사와 다양한 문화가 있기 때문에 그에 따른 사진자료들도 많이 있어 이를 활용하여 수업에 매체로 사용할 수도 있다. 바둑용구만 하더라도 일반바둑판과 바둑돌뿐만 아니라 컬러바둑돌, 인간바둑판과 인간바둑돌, 가죽바둑판, 목화자단기국, 부목반 등 옛 바둑판부터 현대에 이르기까지 바둑변천사에 따라 바둑의 용구도 변화하였기 때문에 이를 교육에 활용하는 것도 흥미유발이 될 수 있다. 또 한·중·일 프로기사 사진을 보여주면서 그에 기풍(바둑스타일), 강점, 특징, 별명과 같은 학습자의 흥미와 동기 유발을 위해 다양한 학습으로 구성하여 매체를 활용하는 것도 좋다.

[그림 3-3] 바둑 관련 사진들(용구, 이슈, 프로기사 등)

(4) 바둑교재, 바둑이론 서적, 바둑 관련 잡지

바둑에는 교과서가 따로 존재하지 않기 때문에 대부분의 바둑교육 현장에서는 아동에게 바둑기술을 가르친 후 바둑문제가 들어 있는 교재를 풀도록 한다. 현재 입문자에게 맞는 문제집과 초급자, 중급자, 고급자에 맞게 문제집들이 교수매체로 많이 사용되며 교재의 대부분은 바둑문제로 구성되어 있다.

바둑문제집은 바둑기술을 배운 뒤, 아동들에게 풀게 하여 바둑교사가 빨간펜으로 채점해주는 식으로 진행하게 되는데, 이는 실제 채점하는 시간으로 오히려 지도하는 시간을 뺏는 경우가 발생하여 비효율적이라 할 수 있다. 비슷한 유형의 문제를 여러 개 제시하여 기계적인 문제풀이 방식이라는 문제점이 있는데, 사고능력을 점차 확장해 가는 방식으로 문제를 구성한다면 더 효과적일 것으로 생각된다. 그리고 바둑을 가장 많이 배우는 연령대인 유치원, 초등학교 저학년의 경우 어린아이기 때문에 교과서와 같은 교재가 거의 필요없다는 인식이 강하나, 효과적인 교육을 위해서 교과서는 반드시 개발되어야 한다. 현재의 바둑교재들은 대부분 문제로만 구성되어 있어 무미건조할 뿐만 아니라 실전과는 괴리감이 있다. 이런 기계적인 문제풀이 방식보다는 아동의 사고력과 창의력을 길러 줄 수 있는 문제와 아동의 흥미와 지적 호기심을 자극하는 다양한 교재와 교과서가 개발될 필요가 있다.

바둑기술 관련 이론서와 바둑잡지도 교수매체가 될 수 있는데, 일정 수준에 올라가면 고수의 바둑을 보고 스스로 공부하여 하는 상황도 일어나게 된다. 이때 자신의 취약점이 포석인지, 정석인지, 행마인지 등과 같이 자신이 부족한 부분에 맞도록 공부할 수 있는 바둑이론서를 가지고 공부를 할 수가 있다.

현재 바둑계에는 <월간바둑>이라는 바둑잡지가 있는데 이 잡지는 바둑기술뿐만이 아닌 바둑계의 전반적인 현황과 다양한 문화들이 담겨 있어 교수매체로 사용하기에도 훌륭하다. 월간「바둑」은 1967년 8월에 창간하였으며, 통권 500호를 넘긴 잡지로서 한국 잡지사에 한 획을 그을 정도로 상당히 긴 역사를 갖고 있다. 이처럼 다양한 바둑기술과 지식이 담겨 있는 월간 「바둑」 또한 유용한 교육매체가 될 수 있다.

[그림 3-4] 바둑교재 및 이론서, 잡지

(5) 바둑 관련 신문

우리나라의 일간지인 조선일보, 중앙일보에는 바둑을 주제로 한 기사들이 한 부분을 차지한다. 바둑에 대한 소식은 물론 바둑기술, 바둑계에 대한 현황과 발자취, 칼럼, 비평 등 다양한 주제로 바둑을 다루고 있다. 대중에게 알리는 바둑란이기 때문에 기사의 대부분은 바둑계의 핫이슈와 중대한 바둑 소식을 다루고 있다. 또 1990년 바둑의 붐이 일어나면서 바둑주간지인 바둑신문이 발간된 바 있었는데 바둑의 속보를 다룬다거나 차별화된 전략에 실패하여 현재는 발행되지 않고 있다. 그러나 이러한 바둑의 신문과 주간지 등에 나온 기사를 교수매체로 활용한다면 좋은 자료로 사용할 수 있을 것이다.

[그림 3-5] 신문과 주간지 교수매체

(6) 프로그램: 기보편집기, 바둑프로그램

바둑의 특성상 바둑기술을 설명하기 위해 참고도를 보여주어야 하는 상황이 생긴다. 즉, 바둑에서 이곳에 두었을 때의 변화, 다른 곳에 두었을 때의 변화와 같은 변화도를 진행하는 난이 필요한데, 이때 사용할 수 있는 프로그램에 기보편집기, 바둑프로그램 등이 있다.

기보편집기는 교사가 학습자의 수준에 맞춰 문제를 만들어 준다거나 포석과 같은 바둑의 과정을 임의로 만들어 줄 수 있어 획일화된 바둑교재의 단점을 보완하여 교육할 수 있다는 장점을 가지고 있다. 그러나 이를 학습자에 맞춰 일일이 입력하여 수업을 진행하게 되면 적지 않은 시간이 소비되기 때문에 기보편집기는 대부분 참고도 혹은 변화도와 같이 바둑에서의 여러 가지 경우의 수를 보여줄 때 사용한다. 교사가 바둑 두는 과정이나 문제들에 대해 학습자의 이해를 돕기 위해 교육매체로 많이 사용되고 있다.

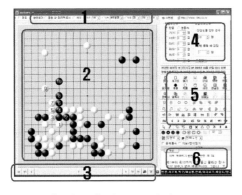

[그림 3-6] 기보프로그램(십구로)

(7) 인터넷: 각종 바둑인터넷 사이트

인터넷 바둑사이트는 시간과 공간에 제약 없이 바둑교육이 일어날 수 있다. 주로 인터넷 바둑사이트는 실시간으로 기력이 비슷한 상대와 대국을 할 수 있는 장점도 가지고 있지만 프로기사바둑의 관전과 해설, 다면기, 고수의 기보해설 등과 같은 교육의 장이 열려 있어 언제든지 바둑교육을 받을 수 있다. 또 자신이 두었던 기보를 출력하여 복기를 받는다거나 상대방이 둔 기보를 볼 수 있는 등의 다양한 기능이 있어 교육매체로 활용하기에도 용이하다.

[그림 3-7] 인터넷 바둑사이트

(8) TV: 바둑전문채널, 공중파 방송

1995년 우리나라에 유선방송인 CATV가 도입되면서 바둑을 전문적으로 방송하는 바둑TV가 생겨났다. 바둑TV는 프로기사의 대국을 직접 관전할 수 없었던 바둑 팬들에게 바둑에 관련된 모든 기전과 대회의 바둑을 중계하고 해설하는 등 변화무쌍한 승부를 실시간으로 지켜볼 수 있는 바둑전문채널이다. 이러한 바둑TV도 바둑교육의 매체로 활용될 수 있으며 공중파인 KBS바둑왕전 또한 교육매체가 될 수 있다.

[그림 3-8] 바둑TV

최초, 최장수 공중파 TV 방송은?

우리나라의 바둑이 처음으로 TV에 등장한 것은 1964년 초 KBS에서 방영한 <TV기원>이라는 프로그램이었다. <TV기원>은 공식 기전은 아니었으나 바둑 팬들의 열렬한 성원 속에 약 2년 간 주 1회 고정 편성되어 방송하였으나 PD가 교체되면서 방송이 중단되었다. 이후 1971년 MBC의 <일요기원>이라는 프로그램은 한국기사와 일본기사의 대국, 프로와 아마추어의 대국, 아마 라이벌 대국 등 다채로운 형식의 바둑프로그램을 선보였으며, 1972년에는 최초로 방송기전인 <MBC배 쟁탈전>이 신설되었다. 그리고 1976년 <MBC국기전>, <MBC배 제왕정> 등의 바둑기전이 연이어 공중파에 방송되기 시작하였고, MBC의 라이벌이었던 TBC는 1975년에 <TBC 왕좌전,>, <TBC신춘특별기전> 등을 방송했지만 방송이 통폐합되면서 TBS가 KBS2채널로 바뀌게 되었다. 최초의 TV바둑프로그램으로 편성된 <신춘특별대국>은 매년 초 국내 정상급 기사들을 초청하여 대국을 진행하다가 1979년 12월 <KBS바둑왕전>으로 본격 타이틀전으로 시작해 현재까지 방송되고 있는 최장수 프로그램이다.

 **학습활동**

┃ 활동 1 ┃ 바둑교육매체　　　　　　　ACTIVITY

매체의 장점과 기능에 대해 생각해 보고 친구와 이야기 나누어 봅시다.

┃ 활동 2 ┃ 바둑교육매체　　　　　　　ACTIVITY

바둑교육매체(교수매체)에는 어떠한 것들이 있는지 생각해 보고 그 매체들을 어떻게 바둑교육에 활용할 수 있을지 토론해 보기로 하자.

4. 바둑교육 데이터 관리

▍ 학습목표	1. 바둑교육 데이터 관리의 중요성과 필요성을 설명할 수 있다.
	2. 바둑교육 데이터 관리방법을 설명할 수 있다.
	3. 바둑교육 데이터 활용법을 시연할 수 있다.

학습내용

교육을 진행하는 데 교육데이터 관리는 매우 중요하다. 교육데이터 관리를 통해 학습자의 향상도 등을 볼 수 있고 문제점이 있다면 수정, 보완할 수 있는 기회도 제공한다. 본 장에서는 바둑교육 데이터 관리 방법에 대해 알아보고 학습자 관리 및 학부모 관리에 대해서도 알아보기로 한다.

1) 바둑교육 데이터 관리의 의의

바둑교육 데이터 관리란 바둑교육에 관한 각종 자료를 수집하여 관리하는 것을 말한다. 교육의 진행상황을 정리하여 자료를 관리하게 되면 학습자의 변화도와 발전도, 좋은 점과 문제점들을 체계적으로 분석하고 학습자가 교육목표에 도달할 수 있도록 하는 데 도움이 된다. 즉, 교육과정을 운영하는 데 어떤 식으로 진행이 되고 있고, 문제점이 무엇인지를 파악하도록 하며, 이를 수정하고 보완하기 위해서는 어떠한 것들이 필요한지 등에 관한 정보를 얻을 수 있다.

바둑교육 데이터에는 바둑교육 참여 전에 학습자를 이해할 수 있도록 기록하는 아동기초조사서, 수업 참여도를 기록한 출석부, 학습자의 모든 바둑교육 진행상황을 기록하는 관찰일지 등이 있다. 이밖에도 바둑교육 참여자에 관한 데이터가 담긴 문서나 파일이 여기에 들어간다.

바둑교육 데이터를 관리하는 것은 여러 면으로 유익하다. 기본적으로 향후 교사가 학습자를 효과적으로 지도하기 위한 자료로 활용할 수 있다. 또한 수업과정에서 나타나는 학습상 장애나 문제점을 발견할 경우 그것을 파악하여 그에 맞는 처방을 내림으로써 학습을 지원해 줄 수도 있다. 이 데이터에는 학부모 상담이나 학부모와의 커뮤니케이션 상황과 관련한 학습자의 교육진행 상황과 변화도, 발전도가 기록되어 있기 때문에 바둑교육 운영을 위한 기초자료로 활용할 수도 있다.

바둑교육 데이터 관리는 학습자의 수행에 관한 구체적인 자료를 기록하여 취합함으로써 학습자에 대한 구체적인 정보를 습득하여 학부모와 실질적인 의사소통을 할 수 있다는 장점을 가지고 있다. 기록을 전혀 남기지 않는다면 바둑교사가 모두 기억하여 이런 부분을 처리해야 할 것이다. 그러나 현실적으로 기억에 의존하여 이러한 일들을 처리하는 데는 한계가 있다.

바둑교육에서 주로 사용하는 학습자 교육데이터는 다음과 같다.

(1) 기초조사서

기초조사서는 바둑을 배우기 이전에 학습자 상태를 조사해봄으로써 교사가 보다 효과적으로 학습자를 교육할 수 있도록 하는 정보들을 적는 조사지이다. 바둑을 배운 경험이 있는지, 흥미도는 어떠한지, 바둑교육에 기대하는 부분이 무엇인지, 교육목표인지 등 바둑에 대한 교육경험과 간단한 인식을 묻는 문항으로 구성되어 있다.

기초조사서는 아동의 경우에는 학부모가 적고 청소년, 성인은 본인이 적으면 된다. 이러한 정보 취합은 앞으로 진행될 바둑교육 과정에서 일어날 수 있는 학습의 시행착오를 줄일 수 있어 더욱 의미가 있다.

(2) 출석부

출석부는 학습자들이 교육에 참여하였는지, 중도에 그만두었는지를 기록해 두는 데이터이다. 이를 통해서 학습자가 얼마나 열심히 참여했는지를 파악할 수 있다. 학습자의 참여도를 제대로 파악하기 위해서는 출석부 관리가 중요하며 출석을 소홀히 하는 학습자가 있을 경우 이러한 문제를 발견할 수 있는 근거 자료가 된다. 피치 못할 사정에 의해 바둑교육 참여를 못할 수도 있지만 수시로 바둑교육을 빠지고 참여하지 않는 이유가 흥미도 저하부분과 연관되어 있다면 교사는 이러한 부분을 간과해서는 안 될 것이다.

이런 점에서 출석부 관리를 철저히 하는 것은 바둑교육에 참여하는 학습자가 한 사람이라도 도태되지 않도록 이끌어 줄 수 있는 매개체 역할을 한다고 할 수 있다.

(3) 수업관찰기록부

수업관찰기록부는 바둑교육 과정에서 학습자의 상태를 기록하는 관찰지로 즉, 강의 태도나 반응, 실전대국 시 학습자의 태도와 성적, 선생님과의 반응, 학습자의 성향 등 학습자의 세세한 부분을 기록하도록 한다. 수업관찰기록부는 학습자의 강의 이해도와 실전활용 능력, 문제풀이 결과 및 대국의 결과 등을 기록할 수도 있어 향후 실전대국 시 수행평가와 학습효과에 따른 판단 준거로 삼을 수 있기에 더욱 중요하다고 할 수 있다. 만약 학습자가 아동이라면 교육적 효과도 함께 추구하고 있으므로 바둑기술 습득능력 뿐만 아니라 관찰기록부에 반드시 다음과 같은 두 가지 측면이 포함되도록 해야 한다.

① 바둑기술의 습득
A. 바둑지식의 이해(바둑이론): 수업에서 배운 지식의 이해 정도
B. 바둑지식의 구사(실전능력): 실전에서 기술을 구사하는 능력

② 교육적 효과
A. 대국집중력: 바둑에 집중하는 능력
B. 문제해결력: 문제 장면에서 적절하게 대처하는 능력
C. 대국예절: 대국 전반에 걸쳐 매너에 맞게 행동하는 태도

바둑의 효과성
- 바둑이 아동의 지능, 주의집중력, 문제해결력 및 만족지연에 미치는 영향 -

'바둑교육프로그램이 아동의 지능, 과제집중지속능력, 문제해결력 및 만족지연 능력에 미치는 효과'라는 논문이 발표되면서 바둑효과성에 대한 의문에 해답을 제시하고자 하였다. 연구대상은 만 5세 아동으로 약 7개월간(80회) 바둑을 배운 아동(36명)과 바둑을 배우지 않은 아동(32명)의 지능(동작성 IQ, 언어성 IQ), 과제집중지속능력, 문제해결력 및 만족지연능력을 측정하였다. 그 결과 동작성 IQ[3]와 과제집중지속능력, 문제해결력 및 만족지연능력이 모두 향상된 것으로 나타났다(그림 2). 아동은 놀이를 하는 상황이나 그렇지 않은 상황이더라도 무엇이든 자기가 주도하여 이끌어 나가는 것을 좋아한다. 바둑의 경우도 자신이 놀이의 주체가 되어 스스로 주도적으로 이끌어 나가지 않고서는 게임을 진행할 수 없으며 바둑판에 자신의 생각과 구상한 수들을 마음껏 전개할 수 있다. 또한 상대와의 영토전쟁을 벌이는 과정에서 충돌이 생기고 그 결과로 상대의 돌을 가져올 수 있는 '돌잡기' 과정이 일어나게 되는데, 소유욕이 강한 아동에게는 이러한 요소가 한층 더 바둑을 흥미롭게 한다. 다시 말해 놀이적 특성을 지니고 있는 바둑은 아동에게 흥미 및 오락을 제공하기에 충분히 매력이 있는 놀이라고 할 수 있을 것이며, 이러한 오락적 특성뿐만 아니라 아동이 스스로 전략도 세워 보고, 매 상황마다 상대가 던져 주는 문제를 어떻게 해결할 것인지를 생각을 해봄으로써 인지발달에 적지 않은 영향을 준 것이라 볼 수 있다.

---

[3] K-WPPSI(유아용 지능검사)에서 시각-운동적, 조작, 협응 등을 말한다. 세부적으로는 수리력, 공간지각력, 주의집중력, 구성력, 조직력 등 유아의 다양한 인지능력을 알아볼 수 있다.

아동기초조사서

❊ 귀한 자녀를 지도하는 데 참고하고자 합니다. 번거로우시더라도 성실하게 답변해
주시면 바둑지도에 많은 도움이 되리라 생각됩니다.

이름		별명		생년월일 (양력)		(남,여)
주소				전화		
				핸드폰		
아동의 성향						
바둑 교육 관련 기초 조사	★ 아동의 취미와 특기는? 취미(　　　　　) 특기(　　　　　) ★ 바둑교육에 대한 흥미와 기대는? 매우 높다( ) 높다( ) 보통이다( ) 낮다( ) 매우 낮다( ) ★ 바둑 교육 경험은? 1. 없다( ) 2. 있다( ) 　　　　♠ 어디서: 　　　　♠ 얼마 동안: 　　　　♠ 현재 수준은 어느 정도: ★ 바둑 외 학원 교육 경험은? 1. 없다( ) 2. 있다( ) 　　　　♠ 다닌 학원 종류 　　　　(　　　　)학원- (　　　)년 (　　　)개월 　　　　(　　　　)학원- (　　　)년 (　　　)개월 　　　　(　　　　)학원- (　　　)년 (　　　)개월 ★ 아동의 집중력 및 학습 태도는? 매우 우수( ) 우수( ) 보통( ) 산만( ) 매우 산만( ) ★ 부모님께서 바둑 교육에 바라는 점					

출 석 부

순	학년/반	성 명	날짜 · 요일																					계		
																								결석	지각	조퇴
일계	출석																									
	결석	(○)																								
	지각	(△)																								
	조퇴	(×)																								

수업관찰기록부

① 아동관찰기록사항

이름		교육기간		기력	
바둑관련 기초조사	(2000년 월 일 현재)				
날짜	아동의 특기사항				
3/10 3/14 5/8	대국자세와 수강자세가 바르며 집중력이 있음 학년에 비해 의젓하고 생각이 깊으며 바둑이론 습득도 빠름 군포시장배 바둑대회 참가 2승 1패(추첨으로 예선 탈락)				

② 수업내용 및 출/결 상황

이 름		수업일시	2000년 월 일	출석확인
수 업 내 용	♣ 학습주제: 바둑판의 지역구분 및 바둑의 역사 1) 바둑의 역사 및 바둑에 얽힌 재미있는 설화로 아이들이 흥미를 가질 수 있도록 이야기하여 준다. 2) 아이들에게 바둑판의 정의와 개념을 이해하기 쉽게 알려준다. 3) 바둑의 가장 기초적인 돌의 활로 및 단수의 개념을 교육한다. 4) 바둑판의 지역구분(귀, 변, 중앙)과 화점&선의 개념의 대해 학습하여 보도록 한다.			

③ 바둑기술 및 교육적 효과

평가내용	매우 잘함	잘함	보통	노력 바람
예절 및 또래관계				
강의자세				
대국태도				
집중력				
문제해결능력				
흥미도				
강의 이해 및 실전활용 능력				

④ 아동의 특이사항 및 기록사항

※ 바둑기술 및 교육적 효과 기록 시 참고사항

① 예절 및 또래관계:

아동이 대국을 시작할 시에나 끝날 시에 공수자세를 포함한 아동의 예절과 이후 대국이 끝났을 시 자기자리 정리정돈도 잘하는지 여부를 살펴본다. 또한 또래관계에 있어 친구들과 잘 어울리는지 사회성을 알아보기 위한 항목이다.(ex: 만약 아동이 친구와 다투었다. '노력바람'에 체크)

② 강의자세:

선생님이 아동에게 강의를 할 때 아동의 강의 태도를 체크한다.

③ 대국태도:

아동이 대국할 때 아동의 태도를 살펴본다.

④ 집중도:

아동이 대국할 때 얼마나 대국에 집중을 하는지 정도를 평가하는 항목이다. 예를 들어, 금일에 아동이 대국을 하는 과정에서 다른 아동과 장난을 친다거나 시선이 자주 분산시켜 다른 곳을 쳐다볼 시 과제에 집중하지 않았기 때문에 '노력바람'으로 체크를 한다.

⑤ 흥미도:

이 항목의 경우는 교사가 매우 섬세하게 아이들의 상황을 파악해야 한다. 오늘 아동이 바둑을 두는 과정에서 과제에 흥미를 가지고 있는지 즐겁게 두고 있는지 등 아동의 표정에 민감해야 한다. 또한 아동이 "선생님, 저 많이 땄어요~"와 같은 표현은 아동이 바둑을 두는 과정에서 매우 흥미를 가지고 있다는 간접표현이라 할 수 있을 것이다. 교사는 이러한 아동의 승패 여부와 아동의 표정에 매우 민감하게 반응해야 하며, 체크 또한 이러한 상황을 고려해야 할 것이다.

⑥ 강의 이해와 실전 활용능력:

교사가 금일에 가르쳐 준 강의 내용을 이해하는 정도나 배운 내용에 대해서 아동이 실제 대국을 하는 과정에서 활용하고 응용하였는지에 대한 내용을 기록한다. 또한 아동이 바둑을 두는 과정이나 그전에 배운 강의 내용을 응용하고 활용하는 능력 등을 기록한다.

2) 학습자 관리와 학부모 관리

교육에서는 학습자와 학부모를 관리하는 것이 매우 중요하다. 마케팅에서 일종의 고객관리를 하는 것처럼 교육에서는 학습자가 지속적으로 수업에 참여할 수 있도록 도와주고 의도한 목적을 달성할 수 있도록 다양한 방면에서 도와주고 이해하며 조절해 주는 것을 의미한다. 마케팅으로 말하면 일종의 고객관리와 같은 것이다. 교육이 잘 실행되기 위해서는 일정한 기간 동안 학습을 지속할 수 있도록 도와주고 학습자가 원하는 목적을 위하여 교육 서비스를 제공하며 교육에 만족할 수 있도록 관리해야 한다.

(1) 학습자 관리

학습자를 관리하기 위해서는 학습자를 이해하는 것이 중요하다. 바둑을 어떠한 동기에서 배우는지, 또 바둑을 어떻게 선택하게 되었는지 등과 같은 학습자를 둘러싼 다양한 환경과 조건들을 파악하고 이해해야 한다. 그래야만 교사중심의 수업이 아닌 학습자 중심의 수업을 이끌어 나갈 수 있으며, 학습자 입장을 이해함으로써 수업을 원활하게 진행할 수 있다. 역시 상담을 진행할 때에도 교사중심에서 학습자를 보는 시선이 아닌 학습자 입장이 되어 이해하는 자세가 중요하다. You-massage가 아닌 I-massage로 사용하는 것이 상담법의 기본이 된다.

① 훈육하기 − 학습자가 학습목표를 달성할 수 있도록 이끌어주기 위해서는 잘못된 점에 대해 지적하고 질책하기보다는 간결하고 명료하게 요점만 설명해준다. 그리고 학습자의 성향과 행동, 인격 등을 파악하여 잘못된 점에 대해 비판적으로 훈육하기보다는 학습자 스스로 문제를 해결해 나갈 수 있도록 여러 가지 방안을 제시해 자연스럽게 대화를 이끌어 나간다. 또, 교사는 훈육 시 학습자를 진심으로 걱정하고 있으며, 문제점이 있을 시 바로 고쳐 줄 수 있는 지지자이자 조력자임을 인식시켜주는 것이 중요하다.

② 칭찬하기 − 칭찬은 교육의 열쇠가 된다. 만약 학업수행에 있어 학습자가 올바른 방향으로 진행하거나 학업을 수행했을 시 아낌없이 칭찬해주는 것이 중요하다. 만약 학습자가 잘하지 못하여 수업에 차질이 생기더라도 과정에서 학습자가 잘하는 것에 대해 칭찬해 주며 부족한 점이 있더라도 학습자 스스로 최고로 실력을 끌어올릴 수 있도록 격려와 칭찬을 끊임없이 해주어야 한다.

③ 감정 드러내기 − 학습자를 교육하는 상황에서 교사인 자신도 모르게 감정을 억누르지 못할 때가 종종 있다. 그러다 보면 교사 자신의 감정이 학습자에게 영향을 미치게 되고 이러한 결과는 곧 학습자 교육에 영향을 주게 된다. 이때 교사는 학습자에 대해 이성적으로 대처할 수 있도록 끊임없이 자신을 돌보아야 하며 감정적 억제나 대처가 어려운 상황에서는 조심스럽게 느낌이나 감정을 표현하는 것도 효과적인 방법이다. 그리고 이러한 상황에서는 절대 학습자를 단점을 들추거나 비난하여서는 안 되며 이성적으로 감정을 교류할 수 있도록 되도록 침착하게 대처하여야 한다.

④ 대화하기(상담하기) − 바둑은 게임 특성상 승부라는 요소가 내재되어 있어 그로 인해 다양한 분쟁들이 일어나게 된다. 예를 들어 아동의 경우에는 대국을 하던 중에 자신의 돌이 따먹히게 되어 운다거나 바둑을 매일 지는 이유로 대국을 거부하기도 하는 등의 다양한 문제점들이 생기게 된다. 이때, 교사의 역할은 매우 중요하며, 어떻게 행동하느냐에 따라 교육의 질 또한 많이 달라질 수 있다. 교사는 이러한 갈등상황에서는 침착하게 대처할 필요가 있으며, 이때 학습자 스스로가 도태되지 않도록 대화로 격려해주고 지지해주어야 한다. 또, 교사는 학습자의 마음을 충분히 이해하고 있으며 이러한 갈등상황을 슬기롭게 해쳐나갈 수 있도록 방향을 제시해주거나 학습자 스스로가 해결책을 찾을 수 있도록 도움을 주어야 할 것이다.

(2) 학부모

대부분의 학부모들은 자신의 자녀에 대해 기대감을 가지고 있으며 아동이 잘 할 수 있도록 끊임없이 격려해 준다. 그리고 아동이 교육을 받는 교육기관에 매우 관심이 높으며 잘 교육받고 있는지, 잘 지내고 있는지에 대한 세심한 부분까지도 알고 싶어 한다. 교사는 이러한 부모의 욕구에 부응하기 위해 가정과 끊임없이 연계해 교류해야 하며 이러한 충실히 교육하는 모습을 통해 교사에 대한 신뢰감을 쌓아간다. 교사는 이에 부응하기 위해서 자녀에 대한 다양한 정보(아동의 바둑활동 사진이나 프로그램, 교육내용 등)를 지속적으로 학부모에게 제공해 준다거나 학부모의 자녀에게 교사가 관심을 가지고 열심히 지도하고 있다는 인식을 심어주면 좋을 것이다.

※ 학습자와 학부모를 관리하는 구체적인 시스템으로는 전화(문자, 사진), 상담, 가정
통신문 발송, 각종 교육기관과 연계한 이벤트 등이다.

① 전화

학습자가 결석을 한 경우나 학습자에게 무슨 일이 생긴 것이니 참여하는데 문제는 있는지, 수업에 대해 힘든 점은 무엇인지 등의 형태로 학습자의 상황을 전달받을 수 있는 수단이다. 직접 만나지 못하는 경우에 상담을 대체할 수 있으며 아동의 활동사진이나 행사에 대한 문자발송도 가능하여 직접적인 커뮤니케이션이 불가능할 시 유용하게 사용할 수 있는 수단이다.

② 상담

교육에서 상담과정은 필연적인 관계이다. 그렇기 때문에 정기적으로 학습자와 상담할 기회를 가지게 되면, 학습자의 문제점이 무엇인지, 어떻게 고치는 것이 학습자에게 맞는 것인지 등을 수시로 점검할 수 있어 학습자가 목표에 달성할 수 있도록 많은 도움을 준다. 학부모 관리 또한 상담을 통해 교사와 학부모간의 신뢰감과 친밀감이 형성됨으로써 학습자에 대한 정보와 상황도 파악할 수 있어 학습자 관리에도 이해를 더해 많은 도움을 준다.

③ 가정통신문

학부모는 자신의 자녀 학습참여에 의사결정 당사자이기 때문에 교육에 대한 정보를 알 권리가 있다. 교사는 학부모에게 학습자의 상황과 수행에 관한 내용 등을 알리기 위한 수단으로 가장통신문을 사용할 수 있다. 가정통신문은 자녀의 교육에 관심 있는 학부모들에게 학습자의 성취도는 물론이고 교사의 의견을 적어 보낼 수 있으며, 이외에도 교육의 내용이나 전달사항이 있을 시 가정통신문을 발송한다. 즉, 가정통신문은 직접 만나기 어려운 학부모에게는 가정통신문을 발송함으로써 커뮤니케이션을 하고 학생에 관한 정보를 알려줌으로써 교육이 가정과 연계될 수 있어 학습자에게도 도움이 된다. 현재는 각 기관의 홈페이지나 이메일로도 가정통신문을 발송할 수 있다.

④ 이벤트(참관수업, 바둑대회 등)

학습자가 잘하고 있는지, 어떠한 교사에게서 어떻게 교육을 받고 있는지, 교육환경은 어떠한지 등에 대해 궁금해 하는 학부모를 위해 각 교육기관마다 정해진 시기에 정기적으로 참관수업(공개수업)을 실행하는 것 또한 학습자 관리에 해당한다. 또 바둑의 다양한 바둑대회에 함께 참여하여 보고 경험하게 하는 것도 학습자와 학부모에게 바둑교육에 대한 동기를 진작시킬 수 있는 유용한 방법이 될 수 있다.

⑤ 인터넷 활용

현대에 들어와 인터넷이 발달하면서 각종 카페나 이메일 등을 통해 다양한 정보를 주기도 하고 받기도 할 수 있는 교류가 가능하기 때문에 이메일이나 홈페이지를 통해 학습자는 물론 학부모 관리까지 관리할 수 있다. 인터넷카페, 지도사 홈페이지를 통해 바둑교육 프로그램, 교육진행 상황, 학생에 관한 다양한 정보와 사진 등을 제공할 수 있어 용이하게 학습자와 학부모 관리를 할 수 있다. 또 홈페이지나 이메일을 통해 언제 어디서나 학부모의 의견과 학습자의 질문 등을 들을 수 있어 고객관리에 매우 탁월하다.

원장님만의 특별한 비법

경기도에 있는 한 바둑교실 원장님은 희한하게 아이들을 잘 다루신다. 바둑을 지고 우는 아이, 바둑 못 둔다고 약 올리는 아이, 친구들한테 바둑을 이기고 나서 자기가 제일 잘 둔다며 잘난 척하는 아이, 주위가 산만해서 도대체 바둑을 가르칠 수조차 없는 아이마저도 희한하게 원장님 앞에 가면 순한 양이 되어서 돌아온다.

바둑교육 현장에 있는 선생님이라면 아마 일주일에 한두 번 이상은 꼭 맞닥뜨리는 정답 없는 문제일 것이다. 그러다 보니 이런 친구들 모아놓고 바둑 한 번 가르쳐 보라고 하면 아마 모두들 고개를 절레 절레 흔들어댈 것이다. 그런데 원장님은 달랐다. 오히려 두 손, 두 발 번쩍 들며 이들을 환영해 주니 도대체 알 수가 없는 노릇이다. "너희들~ 내 도움 좀 받아야겠는걸~ 나와 함께 바둑배우지 않을래?"라고 먼저 손을 내밀며 바둑을 가르쳐 주는데 어느새 차분해지고 원장님과 재미있게 바둑을 둔다. 물론, 바둑이 끝나고 울지도, 약 올리지도, 잘난 척하지도 않고 말이다. 과연 원장님께는 어떤 비법이 숨어 있는 걸까?

한 바둑 선생님은 이런 사실이 너무나도 신기하기도 하고, 궁금하기도 하여 조심스럽게 원장님에게 물었고, 원장님은 웃으며 무언가 빼곡히 적힌 노트를 내려놓으며 말씀하셨다.

"아이들이 바로 제 노하우랍니다."

바로 그 노트에는 지난 원장님이 바둑교육을 진행하였던 7년간에 모든 기록들이 빼곡히 적혀 있었다.

"처음에는 저도 아이들이 너무 다르고 특성들이 다양해서 어찌할 바를 몰랐었습니다. 그래서 아이들에 대한 정보를 하나둘씩 적기 시작했습니다. 아이의 특성과 성격, 성향, 스타일, 각자 다른 반응들까지 말이지요. 그러면서 바둑을 배운 기간이나 기력, 진도, 승률, 성취도 등 바둑기술에 대한 부분도 차츰 차츰 정리하기 시작하였습니다. 그러다 보니 아이들의 특성도 그렇고, 반응도 그렇고 같은 성향을 보이는 아이들마다 공통된 반응들이 있더라구요. 그래서 그에 맞게 다양한 방법을 써보다 보니 저절로 노하우가 쌓이더라구요. 그리고 바둑에 관련된 부분도 적어두다 보니 이제는 아이의 성향만 봐도 얼마나 학원에 다닐지, 언제쯤 싫증을 내서 힘들어할지 등도 대략 알 수가 있습니다. 아이들에 세세한 정보가 저에게는 큰 교육이자 바로 저를 만들어 준 재산이라고 생각합니다."

** 선생님의 세심한 관심과 배려는 교육의 질을 높여줍니다.

 **학습활동**

▌ 활동 1 ▌ 바둑교육 데이터 관리 ACTIVITY

  학습자 교육데이터의 관리의 중요성과 필요성에 대해 생각하여 보고 친구와 이야기 나누어 봅시다,

▌ 활동 2 ▌ 바둑교육 데이터 관리 ACTIVITY

  학습자 – 학부모 관리에는 어떠한 것들이 있는지 생각해보고 어떻게 활용할 수 있는지 친구들과 이야기 나누어봅시다,

5. 수업계획서

▌ 학습목표	1. 수업계획서의 중요성에 대해 설명할 수 있다.
	2. 수업계획서의 구성요소에 따라 바둑 수업계획서를 작성할 수 있다.

학습내용

수업계획서는 교육의 목표를 달성할 수 있도록 체계적으로 구성한 계획을 말하는 것으로 교육에 있어서 필수적인 요소이다. 이 장에서는 수업계획서의 중요성을 알아보고 구성요소에는 어떤 것들이 있는지, 바둑 수업계획서 작성은 어떻게 해야 하는지에 대해서 알아보기로 한다.

1) 수업계획서의 의의

수업계획서는 'Syllibos'라는 그리스어에서 유래된 말이다. '교수요목', '내용의 목차'로 간단하게 정의되었다가 20세기 들어서면서 '학습자가 목표를 달성하기 위한 방법과 방향을 보여주는 지도' 등으로 의미가 확대되었다. 교사가 학습자에게 기대하는 바에 대한 목적과 목표, 계획을 알려주는 최초의 매체, 강의에 대한 목적과 내용, 일정, 매체, 방법 등과 같이 세부정보를 담고 있는 문서라고 할 수 있다. 교사와 학습자 입장을 반영하거나 구성요소를 포함하여 보다 구체적으로 정의하고 있다.

수업계획서는 교수-학습과정이 모두 내재되어 있어 무엇을 교육할 것이며 체계적으로 수업을 전개하기 위해서는 어떻게 해야 하는지에 대해 수업 전에 미리 준비함으로써 전체적인 조망도 확보할 수 있고, 교육의 효율성과 효능성 또한 높일 수 있다. 그리고 수업계획서를 작성함으로써 교사와 학습자가 원하는 성취목적을 달성할 수 있도록 수업준비는 물론 교육의 내용이해, 활동 등을 체계적으로 구성할 수 있어 불필요한 중복이나 시간낭비를 줄일 수 있다. 그러나 수업계획서를 작성하지 않고 교육이 진행될 경우 수업이 원하지 않는 방향으로 흘러가거나 적절하지 못한 방법으로 가르치는 등 교사도 학습자도 의도하고자 하는 목적을 달성하는 데 문제가 생길 수 있다. 다시 말해, 교사는 학습자와 본인이 설정한 교육목표를 이루기 위해서는 수업 전에 반드시 수업계획서를 작성하여 검토한 뒤 적용하여야 한다.

수업계획서의 목적과 역할은 다음과 같다.

<수업계획서의 목적>

> (1) 수업의 목표를 정의한다.
> (2) 학생이 왜 이 수업을 들어야 하는지, 무엇을 배울 것인지, 수업 진행을 위해서 어떤 교수방법을 사용할 것인지를 설명한다.
> (3) 계획과 기대하는 바에 대해 학생들과 의사소통한다.
> (4) 수업을 조직하고 구조화한다.
> (5) 교사와 학생의 책무를 더욱 잘 이해하도록 돕는다.
> (6) 학습자에게 수업진행과 규칙에 대해 설명해 준다.
> (7) 교사가 수업계획서에 관련된 법률적 문제를 피할 수 있도록 한다.
> (8) 학습자들에게 방향을 알려주는 지도이며 계획, 계략 또는 약속의 역할을 한다.
> (9) 학습자와 교사간의 수업계획에 대한 의사소통을 원활하게 한다.
> (10) 학습자가 교사의 직업적인 진지함과 책무성을 이해하도록 돕는다.
> (11) 학습자에게 수업을 통해 경험하게 될 학문적 변화에 대해 상세하게 설명해 준다.
> (12) 교사의 수업방법이 문서 기록으로 제공된다.
>
> Phwandaphwanda(2003)

그리고 교육과정에 수업계획서를 작성할 때 교과의 특성이나 교사의 성향에 따라 구성요소가 달라질 수 있으나 우선순위와 중요도에 따라 타당한 구성요소들은 반드시 수업계획서에 포함하여야 한다. 즉, 대상이 누구이며 목표는 어떠하고 어떠한 내용으로 얼마만큼 어떻게 교육하는지 등과 같은 구성요소는 수업의 방향을 결정할 뿐만 아니라 수업계획서를 체계적으로 작성하는 데 중요한 역할을 한다.

수업계획서의 구성요소에 관한 견해는 약간씩 차이가 있으나 용어적으로 불일치하는 부분도 있고, 중요도에 따라 다른 관점으로 해석하기도 하는데 수업계획서에 꼭 포함해야 하는 10가지 요소는 정리하면 다음과 같다.

<수업계획서의 구성요소>

```
(1) 기본정보: 교사와 수업에 대한 정보
(2) 강좌목적
(3) 수업목표
(4) 교육적 신념: 학생에 대한 믿음, 교육목적에 대한 신념
(5) 내용의 개관
(6) 과제와 수업일정
(7) 주교재, 참고문헌 및 읽기 자료
(8) 교수방법
(9) 학습자의 피드백과 성적산출과정
    : 학습자에 대한 피드백과 학생의 학습 정도
(10) 학습교구(매체)와 자원

                                        Lowther, Stark& Martens(1989)
```

2) 바둑 수업계획서

교육과정을 구성할 때에 가장 중요한 것은 학습자의 수준을 파악하고 그에 따라 단계별로 분류하는 것이다. 그리고 각 단계에 맞는 교육목표와 학습내용을 설정하고, 시간배정 및 매체 선정 등의 작업으로 구성요소를 완성한 뒤 그에 맞게 수업계획서를 작성하면 된다.

바둑 수업계획서 또한, 학습자 대상과 수준에 따라 배워야 할 내용을 단계별로 배분하고 지도일정에 맞게 교육내용과 교수방법, 매체 등을 선정하여 세운 계획을 말한다.

일반적으로 바둑교육기관에서는 학습자를 고려하여 단계별로 내용을 분류하여 지도과정을 만들어 놓고 교육하고 있는 곳은 거의 없다. 특히 입문, 초급단계는 일련의 교육과정뿐만 아니라 수업계획서조차 갖춰놓지 않고 즉흥적으로 수업하는 경우나 경험에서 얻은 지식으로 수업을 진행하는 경우가 대부분이다. 물론 바둑교육의 내용이 너무 방대하여 어떻게 커리큘럼을 짜서 진행하여야 한다. 막연하기는 하겠지만, 학습자 대상에 맞게 수업계획서부터 차근차근히 진행하는 것도 효과적인 교육 방안이라고 할 수 있다. 예를 들어, 교육과정이나 수업계획서가 없는 상태에서 바둑교육을 진행하게 되면 학습내용이나 진도도 교사가 의도하는 대로 진행하기 어려우며 교육목표를 제대로 달성하기가 어려울 것이다. 그리고 정해진 시간 안에 교수내용을 학습자에게 효율적으로 전달하기 위해서는 전체적으로 분석하고 시간별로 할당을 하지 않는다면, 주어진 시간 안에 가르

치기 어려울 뿐만 아니라 평가 또한 제대로 이루어지기 어렵다. 다시 말해 교육과정이나 수업계획이 없이 바둑지도를 하는 것은 학습자를 중도탈락하게 만들거나 효율적으로 수업을 진행할 수 있음에도 제대로 진행하지 못해 효과적인 바둑교육 방해요인이라 할 수 있을 것이다.

(1) 바둑교육 목표의 설정

아동들이 바둑교육에 참여하는 가장 큰 목적은 바둑의 효과성인 집중력 향상, 두뇌계발, 인성발달, 정서순화 등이다. 이처럼 바둑교육에의 참여하고자 하는 동기가 다양해진 만큼 바둑지도사도 교육목표에 맞게 교육할 수 있는 부분을 고민해 보아야 한다. 만약 어떤 아동을 바둑교육에 참여시켜 정서순화에 교육목표를 두었다면 바둑을 통한 인지능력 배양이나 바둑을 통한 예절 훈련으로 아동의 학습동기에 부응할 수 있도록 교육과정을 만들어보고 수업계획서를 작성하는 것도 가능하다고 할 수 있다. 그리고 바둑기술에 있어 기력 향상에 초점을 둘 경우에는 "효과적인 기력 향상"과 같은 목표를 삽입할 수 있다. 또한 교사가 대상에 맞게 보다 구체적인 목표를 잡고 교육효과를 올리려고 한다면 교육목표를 달성하기 위한 프로그램을 짜보고 그에 맞게 수업계획서를 작성한 다음 교육과정의 적절성 여부를 끊임없이 평가해 봄으로써 다양한 프로그램도 개발할 수 있다.

(2) 교육내용

교육내용은 교육을 진행할 때 무엇을 가르칠 것인가 하는 내용을 말한다.

그러나 누가 어떻게 가르치느냐에 따라 교육은 천차만별 차이가 날 수 있다. 바둑 또한 기술만 가르치면 된다고 생각하지만 실제로는 바둑교육의 내용이 그리 단순하지만은 않다. 바둑 기술을 배우는 데 시간이 얼마 걸리지 않지만 바둑을 제대로 알기까지는 십수년이 걸린다는 이야기가 있다. 그만큼 바둑교육은 어렵고 복잡한 것이며 바둑의 기술적인 영역 또한 평생을 연마해도 마스터하지 못할 정도로 방대하기 때문에 지도의 내용을 적절하게 선택하는 일은 결코 간단치 않다. 그리고 입문자의 경우만 보더라도 바둑내용은 대체로 한정적이지만 실제 가르치는 교사에 따라 교육내용과 교육이해도 또한 상당히 달라질 수 있다. 초급의 경우도 마찬가지로 입문자보다 더 다양한 방법과 지도내용으로 상당한 차이가 있을 수도 있다.

또, 학습자의 기력 수준이 더욱 높을 경우에도 지도의 내용이 뚜렷하게 정해져 있지

앓기 때문에 교사에 따라 천차만별로 차이가 나타나게 된다.

현재 바둑교육 현장에는 각 단계별로 표준화된 학습과정이 없는 상태이기 때문에 대부분의 교육현장에서 주먹구구식의 교육을 진행하고 있다. 이러한 교육체제를 바로잡기 위해서는 현재 나와 있는 교재와 수련장 등을 분석하여 나름대로 커리큘럼을 구성하여 교육내용에 적용해야 할 것이다. 그리고 학습자의 참여 동기가 다양해진 만큼 무엇을 할 수 있는가라는 면에 초점을 두어 접근하는 것도 하나의 방법이다. 예를 들어, 기술의 경우에는 입문단계를 마치고 나면 한 판의 바둑을 타인의 도움 없이 끝까지 둘 수 있다든가, 인성이나 정서 부분에 효과성에 초점을 두어 참여한 경우에는 한 판의 바둑을 다 둘 수 있고, 지더라도 서로의 감정교류를 하는 훈련을 교육내용에 포함시킴으로 학습목표와 동기에 부응하도록 교육내용을 구성하는 방안도 생각해 볼 필요가 있는 것 같다.

🖐 **읽어보기**

아동바둑교육기관 실태
- 바둑학원, 방과후바둑교실, 문화센터, 동사무소, 복지관 등

현재 아동에게 바둑을 가르치는 교육현장은 바둑학원, 방과후바둑교실, 문화센터, 동사무소 등이 있다. 또 바둑교사가 직접 아동의 가정에 방문하여 바둑을 가르치는 형식의 바둑교육을 배우거나 인터넷 어린이 바둑사이트를 통해 바둑을 배우는 경우도 있다. 2004년도 바둑교육 실태조사에 따르면 아동의 58%가 바둑학원에서 바둑을 배우고, 22%가 방과 후바둑교실에서는 바둑교육을 받고 있었으며, 문화센터나 공공기관에서 바둑을 배우는 아동이 약 20%인 것으로 조사되었다. 그러나 사교육을 줄이고 공교육을 확대하고자 하는 나라정책의 영향으로 학교에서 실행하는 방과 후 교육이 활성화되었고, 자연스럽게 바둑교육을 받고자 하는 아동들도 방과후바둑교실에 참여하는 현상이 생기게 되었다. 그러면서 점차 바둑학원에서 전문적으로 바둑을 배우는 아동들보다 방과 후에 바둑을 배우는 아동들이 늘어나는 추세에 있다.

현재 바둑학원의 경우 아동을 대상으로 한 체계적인 커리큘럼이 없다 보니 대부분의 학원에서 수업계획서를 작성한다거나 평가서를 작성하여 수업하는 경우가 극히 드물다. 반면 방과후수업이나 문화센터, 동사무소와 같은 공공기관에서는 바둑교육을 진행할 전후로 시간과 주에 따라 수업계획서, 평가서를 의무적으로 작성하여야 하기 때문에 바둑교사라면 누구나 교육에 맞게 수업계획서를 작성하고 평가서를 작성할 줄 알아야만 한다.

분기별 학습지도 계획안
바둑부 지도강사(   )

회차	학습주제	학습내용
1		
2		
3		
4		
5		
6		
7		
8		
9		
10		
11		
12		
13		
14		
15		
16		

수업계획서

(바둑)부 수업계획서					
본시 주제		일시		강사	
		대상		장소	
학습 목표					
학습의 흐름	교수 – 학습과정			시간 배분	자료 및 유의점
도입					
전개					
정리					

현 아동 바둑교육의 문제점

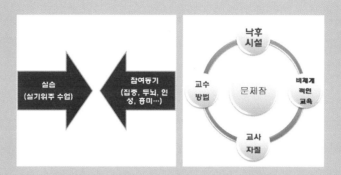

현재 바둑교육은 학습자의 Needs(원하는 것)에 부응하는 교육을 실행하고 있지 않다. 바둑교육에 참여하는 동기(집중력, 두뇌개발, 인성함양 등)가 다양한 만큼 그에 따라 교육방법도 달라져야 한다. 그러나 바둑교육이 실행된 지 약 30년이 넘었음에도 교구와 교육환경 또한 크게 변화하지 못하였으며, 타 아동교육기관과 살펴보더라도 크게 뒤처져 있는 실정이다. 예를 들어 열린교육, 창의교육, 영재교육 등과 같은 교육목표를 세워두고 그에 따라 교육환경과 교수법, 교육프로그램이 다양하게 이루어지고 있다. 바둑교육의 경우 실기 위주의 수업, 교사 위주의 수업, 문제풀이식 수업으로 전 교육방법을 답습하여 진행하고 있다. 또, 수업계획서를 작성하여 체계적으로 교육하는 것이 아닌 교사의 자질과 재량에 따라 천차만별의 실력을 가지고 있다. 예를 들어, 바둑을 1년을 넘게 배웠음에도 축을 모르는 경우가 속출하며 교수방법으로 교육하고 있어 바둑의 효과성을 기대하고 찾는 학습자를 만족시키지 못하고 있다.

학습활동

▌ 활동 1 ▌ 수업계획서	ACTIVITY

교육과정에서 수업계획서를 왜 작성하여 수업을 진행하여야 하는지 수업계획서의 중요성에 대해 생각해 보고 친구와 이야기 나누어 봅시다.

▌ 활동 2 ▌ 수업계획서	ACTIVITY

수업계획서를 작성할 시 중요한 점들에 대해 생각해 보고 앞에 있는 예시에 자신이 생각하는 수업계획안을 작성한 뒤 친구와 이야기 나누어 봅시다.

6. 바둑교육의 평가

▌ 학습목표	1. 교육평가의 중요성과 기능을 설명할 수 있다.
	2. 교육평가의 종류를 유형별로 설명할 수 있다.
	3. 바둑교육의 평가방법과 특징을 설명할 수 있다.

학습내용

교육평가는 학습자가 교수목표를 얼마나 달성하였는가, 즉 수업의 성취도가 어떠한가를 체크하는 활동이다. 교육의 평가는 학습자의 성취도를 판단하는 근거가 되므로 교육과정에서 반드시 이루어져야 한다. 이 장에서는 교육평가의 중요성과 유형 등에 관하여 살펴보고 바둑교육의 평가방법을 알아보기로 한다.

1) 교육평가의 의의

교육에서의 평가(評價)는 학습자가 교육을 통하여 얼마나 발전하였는지, 또 교육목표는 달성하였는지 등을 측정하는 것이다. 평가를 하지 않는다면 교육이 효과적으로 이루어졌는지를 판단하기가 어려울 것이다. 따라서 평가는 교육에서 필수적인 활동이라고 할 수 있다.

예를 들어 바둑교육에서 입문과정이나 초급과정을 완료했다고 하자. 교육만 하고 평가를 하지 않는다면 그 과정에 참여한 학생들이 무엇을 얼마나 배웠는지를 알기가 어렵다. 학습자 중에서 교육과정 동안 학습내용을 충실하게 배운 사람도 있을 것이고, 그렇지 않은 사람도 있을 것이다. 이와 같은 학습자의 성취도를 평가하지 않는다면 그 교육은 효과적으로 이루어지기 어려울 것이다.

학습평가의 결과는 교육목적 달성도를 측정하기 위하여 필요한 증거를 수집하고 처리할 수 있게 할 뿐만 아니라 성취도의 수치를 근거로 학습자의 진로를 결정하는 데에도 도움을 준다. 잘 제작된 시험지로 평가할 경우, 각 학습자의 전체 점수를 확인할 수 있고, 겸하여 학습자가 어떤 분야를 잘 하고 어떤 분야를 잘 못 하는지에 대한 분석도 가능해진다. 평가 결과에 따라 입문과정을 마친 학습자가 초급반으로 올라갈 것인지, 아니면 기존의 과정을 다시 한 번 밟을 것인지를 판단할 수 있다. 바둑전문가가 되기 위한 전문바둑도장의 과정이라면 평가 결과에 따라 프로기사 입단을 위한 수업을 지속할 것인지, 아니면 다른 진로를 모색할 것인지를 판단하는 지침이 될 수도 있다.

또한 교육평가는 교사의 교육설계와 운영 전반을 체크할 수 있도록 하는 지표가 된다. 교사의 입장에서 보면 평가는 교사의 교육방법, 교육과정에 문제가 없었는지 등을 점검해 보는 반성적·자각적 과정이라고 할 수 있다. 평가는 교수-학습과정에서의 각 단계가 효과적이었는지 아닌지, 만약 비효과적이라면 과정 중간에 어떠한 조치를 취해야 하는지를 결정해 주는 역할을 한다.

종종 교사들은 학생들의 성취도를 평가하여 성적이 부진하게 나오면 그 학생이 공부를 열심히 하지 않았기 때문이라고 판단하는 수가 있다. 학습부진의 이유는 학생의 열성과 노력이 미흡한 데서 찾을 수 있지만, 교사의 수업설계와 운영에 문제가 있을 수도 있다. <표 3-4>의 교수-학습 과정 중 어디에선가 잘못 설계되거나, 수행이 잘못되었을 수 있다.

〈표 3-4〉 교수-학습과정

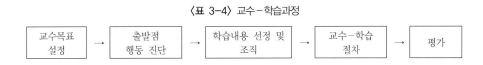

| 교수목표 설정 | → | 출발점 행동 진단 | → | 학습내용 선정 및 조직 | → | 교수-학습 절차 | → | 평가 |

예를 들어, 교수목표를 비현실적으로 세웠다거나 학습자의 출발점 행동을 제대로 파악하지 않아 학습자의 특성을 고려한 수업을 하지 않았을 수도 있다. 아니면 학습내용을 선정하고 조직하는 것을 부적절하게 했을 수도 있고 가르치고 배우는 활동을 적절하게 수행하지 않았을 수도 있다.

교육평가는 이와 같은 교수-학습과정의 설계와 운영상의 문제점을 발견하는 데도 도움을 준다. 그렇기 때문에 평가를 하는 것은 교육에서 필수적인 활동이라고 할 수 있다.

바둑교육에서도 평가가 중요함을 말할 필요가 없다. 바둑교육의 평가는 교수목표의 달성 여부를 밝히는 데 도움이 되며, 학습자가 얼마나 발전하였는지의 성취도를 수치로 알 수 있게 할 뿐만 아니라 아동이라면 교육목적에서 의도한 방향으로 어느 정도 발달하고 있는지를 밝혀주는 자료가 된다. 학습자가 교육목표에 도달하지 못하였다면 바둑교사의 지도방법에 문제가 없었는지 점검하고 효율적인 방안에는 무엇이 있는지를 검토할 필요가 있으며, 학습자의 부진이 원인이었다면 평가의 기회를 통해서 학습자에게 맞는 교육내용과 방법으로 지도방식을 수정하는 것이 좋을 것이다.

이처럼 교수−학습과정의 질적 개선과 교육목표 달성에 기여하도록 한다는 점에서 교육평가는 바둑교육에서 필수적인 활동이라고 할 수 있다.

2) 교육평가의 기능

교육평가는 여러 가지 기능을 한다. 평가는 본질적으로 교수−학습에 도움을 주는 긍정적인 기능을 하지만, 어떤 측면에서는 평가에 따른 부정적인 기능도 있다. 교육평가가 갖는 긍정적 기능과 부정적 기능을 알아보기로 한다.

(1) 본질적 기능

평가는 본질적으로 성취도를 진단하고 수업을 개선하는 등의 긍정적인 기능을 한다. 그러한 본질적 기능에는 진단의 기능, 선발의 기능, 교수−학습 개선의 기능이 있다.

진단의 기능은 학습자를 진단하는 기능을 말한다. 학습자에게 어떠한 문제가 있는지, 선수학습능력에 문제가 있어 학습에 곤란을 겪는지 등을 진단하는 것을 가리킨다. 교사는 학습과제를 지도하기 전에 학습과제와 관련하여 학습자들이 갖고 있는 지식, 이해, 기능, 태도 등에 대해 진단평가로 확인해 볼 수 있다. 진단평가 결과 학습과제에서 요구하는 기본학습능력이 부족하거나 학습의 곤란점이 확인되면 이를 보완하는 적절한 조치를 취해야만 한다.

선발(選拔)의 기능은 학습평가에서 학습능력이 높은 사람과 낮은 사람을 가려내는 기능을 말한다. 일반적으로 학습에서는 동일한 여건에서 시작했다 하더라도 개인차에 따른 성취도의 차이가 있게 마련이고, 학습평가는 이러한 차이를 구별해 주는 역할을 한다. 바둑교육에서도 평가를 통하여 바둑의 이해도나 기술면에서 성취도가 높은 사람과 낮은 사람을 구분하게 된다.

교수−학습개선의 기능은 교수−학습이 효과적으로 수행되고 있는지와 학습자의 수업방식이 적절한지를 판단케 해 주는 역할을 말한다. 학습평가를 통하여 문제점이 노출

된다면 교사는 그러한 문제점을 개선하여 교수-학습의 효과를 증진시키는 방향으로 이끌 수 있다.

(2) 부정적 기능

교육평가는 필수적인 활동이지만 부정적인 측면도 있다. 학습자들이 부정적인 정의적(情意的) 특성을 형성하게 된다거나, 지나치게 경쟁적인 분위기를 조성하게 되고, 교육열이 과열되는 등의 현상을 초래할 수 있다. 평가가 갖는 이런 측면에 대해서도 이해해 둘 필요가 있다.

부정적인 정의적 특성 형성은 학습자들이 심리적으로 불안해하거나 기피하려는 정서 상태를 유발할 수 있다는 것이다. 일반적으로 학습자들은 평가를 싫어하고 두려워하는 경향이 있다. 그래서 시험을 치른다고 하면 긴장하여 수업에 불참할 가능성이 있고 시험을 보고 나서 결과가 어떻게 나왔을까에 대한 걱정을 할 수가 있다. 바둑교육에서도 성인 학습자들은 시험을 본다고 하면 자신의 성적이 미흡하게 나올까 봐 결석을 하는 수가 있다.

경쟁적인 분위기 조성은 평가에 의해 우열이 가려지게 될 경우 학습자들의 경쟁심을 유발하는 것을 말한다. 학습평가는 동일한 지도과정에 있는 학습자의 기력 구분과 진로 결정을 하는 자료가 되므로 학습자들은 자칫 경쟁적인 분위기에 말려들 가능성이 있다. 이러한 경쟁에 대하여 사회생활 자체가 경쟁이기 때문에 불가피하다고 볼 수 있으나 지나친 경쟁 분위기로 인해 학습자들이 타인을 미워하고 파괴하려는 성격을 갖게 될 수도 있다.

교육열 과열 현상은 경쟁심리가 과도한 교육열기로 나타나는 것을 말한다. 아동학습자의 부모들은 자녀의 교육적 성과에 큰 관심을 갖고 있기 때문에 학습평가로부터 파생된 결과에 민감한 반응을 보일 수 있다. 자신의 자녀가 다른 아동보다 성취도가 낮을 경우 항의하는 사람도 있고, 심지어는 학습장소를 바꾸거나 학습을 포기할 수도 있다.

교육평가에는 이와 같이 긍정적 기능과 함께 부정적 기능도 포함되어 있다. 교사는 평가의 부정적 기능을 최소화하며 긍정적 기능을 살리는 방향으로 나아갈 필요가 있다. 시험 등 평가 받는 것에 대한 불안감을 갖지 않도록 하고, 평가결과가 과도한 경쟁을 유발하지 않도록 유도하는 것이 바람직하다.

3) 교육평가의 종류

교육평가에는 몇 가지 유형이 있다. 어떠한 관점에서 보느냐에 따라 평가의 종류를 다음과 같이 구분해 볼 수 있다.

(1) 시기상의 분류

교육과정에서 평가를 언제 하느냐 따라 진단평가, 형성평가, 총괄평가로 구분할 수 있다.

수업을 시작하기 전에 학습자의 학습능력이나 이전의 학습경험에 관한 정보를 얻기 위하여 행하는 진단평가(diagnostic evaluation)가 있다. 바둑교육에서는 초급이나 중급 등 어느 정도 바둑기술에 관한 지식을 알고 있는 학습자가 올 경우 진단평가를 해야 한다. 그 학습자의 기력이 어느 정도인지를 진단해야 적절한 지도를 할 수 있기 때문이다. 이런 경우 바둑교육에서는 실전대국을 해 보도록 하여 진단하는 방식을 주로 사용한다. 그러나 시험지로 된 평가지가 있다면 그것을 통하여 진단하는 방법이 더 객관적일 것이다.

형성평가(formative evaluation)는 학습이 진행되는 과정에서 학습자의 진전을 점검하거나 필요한 경우 교과과정이나 수업 방법을 개선시키기 위해 실시하는 평가이다. 교수자가 새로운 프로그램을 만들었을 때 문제점을 발견하기 위하여 행하는 평가가 여기에 포함된다. 바둑학습이 진행되고 있는 도중에 지도사가 가르치고 있는 내용을 학습자들이 어느 정도 이해하고 있는지, 교재는 적절한지 등을 알아보기 위하여 시행하는 것 등이 형성평가이다.

총괄평가(summative evaluation)는 일정 기간의 수업이 종결되었을 때 학습자의 성취도를 총합적으로 평가하는 것을 말한다. 일반적으로 교육평가라고 하면 이 총괄평가를 지칭하는 경우가 많다.

(2) 내용상의 분류

어떤 내용을 평가하느냐에 따라 평가의 종류를 구분해 볼 수도 있다. 이것은 바둑교육에서 중요한 의미를 갖는데, 그 이유는 바둑교육에서 단순히 기술적인 측면의 성과만을 추구하는 것이 아니기 때문이다. 가령 교사가 아동의 지능개발에 목표를 두었을 경우 그런 목표가 달성되었는가를 알아보기 위해서는 지능에 대한 평가를 해야 하며, 정서나 성격 등 인성 면에서 긍정적인 방향으로 교정(矯正)하는 것을 목표로 삼았다면 정서와 성격에 대한 평가를 해야 할 것이다.

또한 바둑교육에서는 기술적인 영역이라고 하더라도 학습자가 일정한 교육과정을 통하여 학습한 내용을 평가할 수도 있고, 학습자의 전반적인 기력(棋力)을 평가할 수도 있다. 바둑교육이 기본적으로 바둑의 기력을 향상시키려는 목표 하에서 행해지지만, 학습자의 기력을 평가하는 것과 배운 내용을 평가하는 것은 약간 차이가 있다. 기력평가에는 교육과정에서 배우지 않은 내용이 포함될 수 있다.

이렇게 평가하려는 내용에 따라 바둑교육의 평가는 달라질 수 있다. 내용에 따른 바둑교육 평가는 기력평가, 학습평가, 지능평가, 인성평가 등으로 구분해 볼 수 있다. 때로는 대학생이나 성인 바둑 팬을 대상으로 바둑문화에 관한 상식을 평가하기도 하는데 이것은 바둑문화 상식평가라고 명명할 수 있다.

(3) 평가 기준에 따른 분류

평가의 기준을 어디에 두느냐에 따라 절대평가와 상대평가로 구분할 수 있다. 이것을 조금 어려운 말로 준거지향 평가와 규준지향 평가라고 한다.

절대평가는 학습자가 내용을 얼마만큼 알고 있는지를 측정하는 평가이다. 예를 들어 '축머리 보는 법'에 관한 평가를 한다고 할 때 축머리 보는 법을 알고 있다면 누구나 합격으로 평가하는 것이다.

이에 비하여 상대평가는 학생이 성취한 수준을 비교 집단의 규준에 비추어서 상대적 서열을 판단하는 평가이다. 학습자들의 수준을 비교하여 수, 우, 미, 양, 가와 같이 서열을 매기는 것을 말한다. 상대평가는 학급에서 몇 등인지, 학년에서 몇 등인지 등 학습자의 상대적 위치를 판단하게 한다.

바둑교육에서는 일반적으로 상대평가보다는 절대평가가 바람직하다. 왜냐하면 학급에서 등수를 매겨 상대적으로 비교할 필요성이 별로 없기 때문이다. 학습자가 목표로 설정된 내용의 학습을 이루었다면 만점을 맞은 것으로 평가하는 것이 원칙이며, 그 성적에 차등을 두어 상대평가를 하면 불만을 느끼는 학습자가 생길 수 있다. 그러나 학급에서 상대적 서열을 매겨야 할 필요가 있는 상황이라면 상대평가를 적용해도 된다.

(4) 평가문항의 특성에 따른 분류

교육평가는 문항의 특성에 따라서 객관식 평가와 주관식 평가로 구분할 수 있다. 객관식 평가는 누가 채점하든지 동일한 결과를 얻게 되는 평가를 말하며, 주관식 평가는 채점하는 사람의 주관적인 판단이 작용하게 되는 평가를 말한다.

객관식과 주관식 평가는 각각 장점과 단점이 있는데, 바둑에서는 두 방식 간에 적지 않은 차이점이 있다.

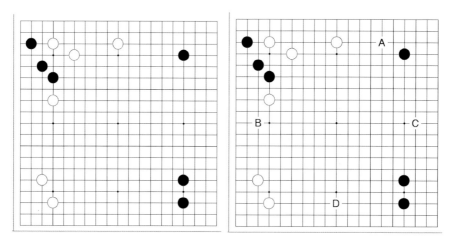

[그림 3-9] 객관식과 주관식 평가 문제

[그림 3-9]는 포석 장면에 관한 문제인데, 왼쪽은 흑이 둘 차례에서 한 수를 고르라고 하고, 오른쪽은 A~D 중에서 하나를 고르라고 하고 있다. 왼쪽은 주관식 문제이고 오른쪽은 객관식 문제이다.

이 경우 평가하는 입장에서는 오른쪽의 객관식 문제가 채점하기에 용이하고, 평가 결과도 객관적이다. 왼쪽의 주관식 문제는 출제자가 생각하지 못한 수도 선택할 가능성이 많아 채점하기가 어렵고, 채점자에 따라 점수도 차이를 보일 가능성이 높다. 하지만 실전대국 장면에서는 객관식 문제처럼 몇 가지 수가 선정되어 나오는 것이 아니므로, 몇 가지 수를 골라주고 고르라는 방식이 적절한지에 관한 의문이 제기될 수 있다. 또한 객관식 4지선다형 문제 같은 경우 추측에 의해 정답을 고를 가능성도 있다.

어떤 방식의 평가방법을 택할 것인가는 문제의 특징, 출제 의도, 학습자의 기력, 채점의 편의성 등을 고려하여 결정해야 한다.

4) 바둑교육 평가의 방법

바둑교육에서 교사가 학습자를 평가하기 위하여 사용하는 방법에는 어떤 것들이 있을까? 바둑지도사들 중에는 평가를 하기 위해 준비하는 일의 번잡함 때문에 평가를 생략하는 사람이 있는데, 어떤 식으로든 평가를 하도록 해야 한다. 바둑교육의 평가방법에는 시험지를 제작하여 측정하는 방식과 실기능력(實技能力)을 관찰하여 평가하는 방식 및 학습자의 실전대국(實戰對局) 결과에 의해 평가하는 방식이 있다.

(1) 시험지에 의한 평가

시험지에 의한 방식은 지도사가 평가하려는 항목을 선정하여 지필검사를 만든 뒤 각 항목에 점수를 부여하는 평가방법을 말한다. 바둑 분야는 기술에 관한 다양한 문제들을 문제지 형식으로 만들 수 있어 학습자의 수행 정도를 시험지에 의하여 평가할 수 있다는 특징이 있다. 학습자가 공부한 내용을 시험지로 평가함으로써 학습의 이해도를 알 수 있고 나아가 실기능력의 정도까지도 파악할 수 있다는 것이 바둑평가의 장점이다.

이와 같은 장점이 드러나려면 시험지의 문항(問項)을 적절하게 제작하여야 한다는 조건이 따른다. 문항의 수는 임의적으로 결정하는 것이 아니라 평가목적에 따라야 하고, 현실적인 시간적 여유를 고려해야 하며 학습목표에 따라 가능한 한 다양한 문항유형을 출제하는 것이 좋다. 좋은 문항을 만들기 위해서는 시험을 치르고자 하는 교과내용과 의도된 목표를 명확히 숙지해야 하며 시험문항 제작의 기법에 관한 지식을 습득하여 자신이 질문하고자 하는 내용을 시험문항을 통해 명확히 전달할 수 있는 능력을 배양해야 한다. 문항 제작 시에는 교수-학습의 단계들을 고려하여 평가 시기와 빈도를 결정하고 평가하고자 하는 내용과 학습목표에 따라 문항유형을 선정한다.

시험문항은 크게 선택형 문항과 서답형 문항으로 구분된다. 선택형 문항은 피험자가 답안을 선택할 수 있도록 제시되는 문항으로서 선택형 문항의 종류에는 진위형·배합형·선다형 등이 있다. 서답형 문항은 질문에서 요구하는 내용을 피험자가 표현하도록 제시되는 문항으로서 단답형·완성형·논술형 등의 종류가 있다.

선택형 문항의 장점은 채점을 단순하고 기계적으로 할 수 있어 간편하며 채점 결과에 대한 신뢰성이나 객관성이 높다는 점이다. 또한 제시되는 답지의 내용을 수정하면 문항의 난이도(難易度)를 변화시킬 수 있으며 5개 정도의 답지를 두면 학습자가 추측으로 답을 할 가능성을 거의 제거할 수 있다. 선택형 문항의 단점은 양질의 문항을 만드는 데 시간과 노력이 많이 들고 시험을 치르는 학습자가 여러 개의 답지를 검토하여 답을 찾아내야 하기 때문에 시간과 노력을 많이 소비하게 된다는 점이다.

서답형 문항의 장점은 시험을 치르는 학습자의 다양하고 자유로운 반응을 이끌어 낼 수 있고, 문항 제작이 쉬우며 고등정신능력을 측정하거나 표현력을 학습시키는 데 효과적이라는 점이다. 특히 단답형은 학습내용에 대한 기억에 있어서의 인출과 파지에 효과적인 영향을 미치는 것으로 보고되고 있다. 서답형 문항의 단점은 많은 문항을 출제하는 것이 어렵다는 것, 채점하는 데 시간과 노력이 많이 들며 채점의 객관성과 신뢰성 확보가 쉽지 않다는 것이다.

(2) 실기관찰에 의한 평가

바둑학습의 평가에 있어서 시험지에 의한 방식이 아닌 관찰적 방법도 의미 있는 평가방법이 될 수 있다. 이 방법은 학습자들이 실제로 대국하는 장면을 관찰하여 평가하고자 하는 항목에 대한 측정을 하고 이를 종합하여 점수를 부여하는 방식이다. 예를 들어, 포석·정석·행마·중반전술·끝내기 등의 항목을 정해 놓고 학습자가 실전대국에서 수행하는 것을 보아가며 측정을 한다. 실기능력과 대국태도 등을 평가하는 데는 이 방법이 유용한 정보를 제공해 줄 수 있다.

이 방법의 단점으로는 평가의 객관성과 신뢰성 확보가 어렵다는 점, 다수의 학습자를 측정하는 데 어려움이 있다는 점 등을 들 수 있다. 그러나 평가자를 3명 정도로 선정하여 측정을 하고 각자가 평가한 점수를 비교하여 평균치를 내는 방법을 쓴다면 이러한 단점을 상당히 보완할 수 있을 것이다. 참고로 태권도장 등에서는 측정을 할 때 다른 도장의 사범을 심사위원으로 초빙하여 평가하도록 하는 방식을 쓰는데, 바둑지도에서도 이러한 측정방식을 도입하는 것이 유용할 것이다.

(3) 실전대국 결과에 의한 평가

실전대국에 의한 평가는 학습자들이 일정 기간 대국한 성적을 종합하여 승률을 평가하는 방식이다. 동일한 수준의 학습자들끼리 그룹을 이루고 있다면 정기적인 실전대국의 결과를 기록하여 그것을 학습평가의 수단으로 삼을 수 있다. 예를 들어, 10급 정도의 기력을 가진 학습자들이 한 반을 형성하고 있을 경우, 1개월에 각자 10판의 바둑을 두게

하여 그 결과를 기록하고 그것을 종합하여 승률을 결정하는 것이다.

기준으로 설정한 비율 이상의 승률을 기록한 학습자는 기력을 한 단계 승급시키는 식으로 할 수 있다. 이 방법은 학습자의 기력차가 엇비슷한 학급에서 가능한 방식으로서 기력차가 심한 학급에서는 저급자가 잦은 패배로 인해 스트레스를 받고 학습의욕이 감퇴될 가능성이 많다.

실전결과에 의한 평가방식은 바둑지도사가 특별히 준비를 할 필요가 없고 평가도 매우 단순하다는 장점이 있다. 또한 학습자의 기력을 종합적으로 측정할 수 있다는 이점도 있다. 하지만 이 방식은 바둑지도를 통한 학습의 성과를 측정하기보다는 학습자가 이전에 갖고 있던 능력의 발휘 여부를 측정하게 된다는 측면이 있고, 학습자가 갖고 있는 이론적 지식이 취약하지만 자기 나름의 변칙적 요령에는 능한 학습자의 능력이 과대평가된다는 단점이 있다. 따라서 교사는 가능하다면 학습자의 실전대국에 대한 기보(棋譜)를 작성하여 장·단점을 분석함으로써 대국결과와 종합하여 평가를 하는 것이 바람직하다. 학습자의 대국보를 얻기가 어렵다면 앞에서 설명한 실기능력 관찰에 의한 방식을 대국결과와 결합시키는 식으로 하면 된다.

실전대국의 성적을 측정하는 데 주의할 점은 학습자간의 대진을 공정하게 조정해야 한다는 것이다. 어떤 학습자는 기력이 강한 상대와 자주 대국을 하고 어떤 학습자는 기력이 약한 상대와 자주 대국을 한다면, 비록 치수(置手)를 맞추어 둔다고 하더라도 약한 상대와 자주 두는 쪽의 승률이 높게 나타날 가능성이 많다. 이런 점에 유의하여 교사는 학습자의 대국상대를 균형 있게 조정하도록 해야 한다.

실전대국 평가의 아쉬움

바둑을 좋아하는 아버지를 따라 초등학교 2학년 민규는 처음으로 동네 바둑교실에 가게 되었다. 바둑
교실에는 같은 또래의 친구들이 많이 있었다.

바둑사범이 소개해 준 '돌 따내기'가 매우 재미있어 민규는 바둑교실에 다니기로 하였다. 바둑수업에
열심히 참여한 민규는 다닌 지 3개월 만에 입문반에서 초급반으로 올라가게 되었고, 이어서 승급을
위한 초급반 리그전에 들어가게 되었다.

초급반에서 승급을 하는 조건은 리그전에서 60% 이상의 승률을 거두는 것이었다. 초급반으로 올라온
민규는 내친 김에 승급도 해야겠다는 생각에 열심히 바둑을 두었다. 그런데 아쉽게 마지막 판을 지는
바람에 57%가 되어 승급을 하지 못하였다.

두 번째 달은 55%, 3번째 달도 58%로 아쉽게 승급 기준을 충족하지 못하였다. 민규는 승급하고 싶
어 열심히 바둑을 두었지만, 자꾸만 실패하자 차츰 자신감이 떨어졌다. 그렇게 승급을 못한 지 6개월
만에 결국 민규는 바둑학원을 그만두기로 했다.

민규의 아버지는 좀 더 학원에 다니기를 원했지만 그만두기로 한 민규의 마음을 돌릴 수가 없었다. 아
버지는 바둑학원의 사범을 원망했다. 승률 60%라는 단순한 평가 기준을 너무 엄격하게 두어 바둑학
습을 중단케 한 것이 과연 타당한 것인지 하는 의문이 들었다.

이후 민규는 대학교에 들어갈 때까지 바둑을 한 번도 두지 않았다.

5) 교육평가의 해석

학습평가를 통하여 얻어진 자료를 어떻게 해석할 것인가? 시험지에 의한 평가를 절대
적인 것으로 이해하여 거기서 나온 점수에 전적으로 의존하여 기력을 판단하는 것은
문제가 있다. 시험은 어디까지나 학습의 수행 정도를 평가하는 데 초점을 맞추어야 하
며, 기력 측정의 전적인 도구로 삼아서는 안 된다. 다만 실전대국의 결과나 실기능력의
관찰에 의한 평가와 함께 시험점수를 결합한다면, 학습자의 기력을 판단하는 데 유용한
정보가 될 수 있다. 시험지에 의한 평가, 실기능력의 관찰평가, 실전대국의 결과 비교라
는 세 가지 평가방법을 종합한다면 사실 학습자의 성취 정도와 기력에 대한 상당히 정
확한 정보를 얻을 수 있을 것이다.

그렇지만 현실적으로 이 세 가지 방법을 모두 시행하기는 적지 않은 시간과 노력을
필요로 하기 때문에 결코 쉽지 않을 것이다. 따라서 실제로 평가를 행함에 있어서는 실
전대국의 결과에 시험지 평가 혹은 실기능력 관찰의 평가를 결합하는 방식이 타당하리
라고 본다. 실전대국 결과를 50%, 시험성적이나 실기능력 평가를 50%로 한다면 이론과
실전을 동시에 반영하게 되므로 학습자의 기력에 대한 비교적 정확한 척도가 될 것이다.

궁극적으로 이와 같은 평가는 학습자의 학습목표 달성에 기여하고 기력향상에 도움이 되는 방향으로 실시되어야 한다. 학습평가가 학습자에게 불안감과 스트레스를 주고 바둑지도로부터 이탈하도록 만든다면 그것은 분명 잘못된 평가라고 하지 않을 수 없다.

6) 바둑교육의 평가

바둑교사는 학습자가 바둑학습을 통하여 습득한 능력, 즉 기력(棋力)이나 정신적 능력을 정확하게 파악하여 학습자에게 이에 관한 정보를 제공할 필요가 있다. 이는 학습자에게 자신의 수행(遂行) 정도를 인지시켜 앞으로의 진로(進路)에 대한 방향을 결정할 수 있게 해 주며, 교사에게도 자신의 지도가 어떤 성과를 거두었는지에 대한 분석과 반성을 하게 함으로써 보다 나은 교육을 할 수 있게 만들어 주는 역할을 한다.

바둑학습의 평가는 통상 학습자들이 기력향상의 면에서 어느 정도의 성취를 이루었는가를 알아보는 절차를 가리킨다. 모든 바둑학습은 근본적으로 기력향상을 기본전제로 하고 있으므로, 바둑학습을 평가할 때는 자연히 기력이 얼마나 향상되었는가를 제1의 평가목표로 삼는 것이다. 그러나 바둑학습의 평가는 바둑지도의 목표와 목적이 어떤 것이었나에 따라 보다 광범위한 내용을 포함할 수 있다. 예로서 바둑지도가 아동의 지능개발과 정서순화의 목적을 갖고 있었다면 학습평가는 당연히 이러한 측면으로의 발달에 대한 평가가 이루어져야 할 것이고, 사회적 활동에 도움을 주기 위한 목적을 갖고 있었다면 바둑에 관한 교양이나 예의범절을 평가의 대상으로 삼아야 할 것이다. 물론 바둑학습에서 이와 같은 기술외적인 내용의 성취를 평가하는 것은 현실적으로 어려움이 많다. 예를 들어, 바둑학습을 통하여 학습자의 지능이나 성격에 어떤 변화가 생겼는가를 평가하는 것은 지도사의 능력이나 재정상의 이유로 인해 극히 힘든 과제라고 생각된다. 그러나 진정한 의미의 바둑지도는 이러한 측면의 평가도 포함해야 하며, 장차 바둑학습에 대한 많은 연구가 이루어진다면 이 부문으로의 적절한 평가방법이 개발되리라고 본다.

방과 후 통지표

교육 결과 통지 및 회신서

2000 제 기

( )부	( )학년 ( )반	성명 ( )
(가정통신문)		

<table>
<tr><td colspan="5">(가정통신문)

강사: (인)</td></tr>
</table>

※ 출석율은 어떠한가?		상	중	하
1. 수업에 대한 준비는 잘 되어 있는가?				
2. 활동에 흥미가 있고 적극적으로 참여하는가?				
3. 진지하게 학습활동에 집중되는가?				
4. 정해진 시간에 잘 처리하는가?				
5. 수업결과를 반성하고 고치려 하는가?				

※ 자녀의 수업 결과를 확인하시고 활동한 부서에 대한 의견이나 강사님께 바라시는 점 등을 써서 방과후학교 해당 강사님께 제출하여 주십시오.

학부모님   (인)

교육환경 평가 및 교사평가지

해당 영역	세부내용	탁월	우수	보통	미흡	불량
교수 학습 계획서	연간지도안을 아동수준에 맞게 작성하였습니까?					
	연간지도안에 따라 매 차시별 학습지도안이 연계성이 있게 잘 구성되어 있습니까?					
	연간지도안과 학습지도안이 대체로 체계적으로 구성되어 있습니까?					
	학습지도안에 학습목표, 주제설정이 적절하게 제시되어 있습니까?					
	학습지도안에 학습내용이 학습자 수준에 맞게 잘 전개되어 있습니까?					
	학습지도안에 학습내용이 도입, 전개, 마무리에 맞게 잘 구성되었습니까(시간 배분)?					
	학습지도안에 제시되어 있는 교재·교구는 적절히 제시되었습니까?					
	학습지도안에 평가가 적절하게 제시되어 있습니까?					
교육 환경	바둑교육수업 진행 시 외부소음이 없습니까?					
	바둑교육 활동교실의 환경(바닥, 창문, 책상)은 청결합니까?					
	바둑교구 등이 청결하게 보관되고 있습니까?					
	바둑교육 활동교실에 교구들이 잘 구비되어 있습니까?					
	아동이 바둑교구를 사용하는 데 책상이 높이 등이 아동의 체위에 적절합니까?					
	바둑교육 활동교실에 교육매체(TV,컴퓨터, 비디오, 빔 등)가 구비되어 있습니까?					
	바둑교육 활동교실의 조명, 통풍, 온도, 습도 등이 적절합니까?					

	바둑교육 활동교실에 아동의 건강과 안전에 영향을 미칠 수 있는 주변환경들이 잘 정리되어 있습니까?				
교사의 자질	교사의 외모는 단정합니까?				
	교사는 수업준비가 잘되었습니까?				
	교사는 교과목에 대해 전문성이 있습니까?				
	교사는 바둑교과내용의 개념을 이해하고 적절하게 교수하고 있습니까?				
	교사는 수업계획안대로 수업을 진행하였습니까?				
	교사는 적절한 목소리 크기, 정확한 발음으로 학습을 지도합니까?				
	교사는 아동이 교육목표에 도달할 수 있도록 격려하고 도와주었습니까?				
	교사는 바둑교육수업을 효과적이고 계획적으로 운영합니까(시간관리 포함)?				
교수 방법	교사는 학습목표 및 수업내용을 명료하게 제시하였습니까?				
	교사는 아동수준에 맞게 교과에 대한 이해와 수준에 맞게 적절하게 제시하였는가?				
	교사는 아동의 기력을 고려하여 세부적인 지도계획 혹은 개인차에 대한 조치를 마련해 놓았습니까?				
	교사가 바둑교육 활동과정에서 학습속도와 내용을 융통성 있게 진행하였습니까?				
	교사는 바둑교육 활동과정에서 학습을 돕기 위한 물리적인 환경 및 수업매체를 적절히 활용하였습니까?				
	교사는 중요한 내용의 강조 및 요점을 제시하고 있습니까?				
	교사는 바둑교육 활동과정에서 아동에게 긍정적인 피드백과 칭찬 및 보상이 적절히 사용하였습니까?				
	교사는 아동들이 높은 성취욕을 가지고 노력하도록 아동들의 참여를 적절히 유도하였습니까?				
	교사는 원활한 수업진행을 위해 개방적인 질문으로 아동들의 참여를 이끌었습니까?				
	교사는 바둑교육을 통해 아동이 스스로 생각하고 공부할 수 있도록 격려하고 기회를 만들었습니까?				
교사와의 상호작용	교사는 아동 개별적 상호작용을 통해 긍정적인 경험을 하게 합니까?				
	교사는 모든 아동에게 주의를 기울이고 눈을 맞추며 즐겁게 수업을 진행합니까?				
	교사는 아동의 요구와 질문에 대해 언어적으로나 신체적으로 적절하게 반응합니까?				
	교사는 비판, 위협, 부정적인 방법으로 지도하지 않으며 긍정적이고 효과적인 방법으로 아동을 지도합니까?				
	교사는 모든 아동들을 격려하고 긍정적인 상호작용을 주고받으며 수업을 진행합니까?				
	교사는 바둑교육 활동과정에서 수업이 진행되는 동안 아동들과 함께 참여하고 즐겁게 바둑을 배울 수 있도록 도와줍니까?				

영역 1. 교수계획서

교육계획서는 교사가 학습대상에게 학습을 지도하기 위해 학기, 일별로 지도내용을 작성하는 것을 말한다. 교사는 대상에게 맞게 뚜렷한 교수목표를 세우는 것이 중요하며 그에 따른 수업내용도 자연스럽게 진행되는 것이 중요하다.

바둑교사 또한 바둑을 배우고자 하는 아동들에게 교육목표에 도달할 수 있도록 교수내용을 충실히 작성하여야 함은 물론 그에 따른 수업내용과 교수방법 또한 생각하고 작성하도록 한다. 이러한 뚜렷한 교육목표와 내용은 아동들이 자연스럽게 바둑을 배우는 데 중요한 요소가 될 것이며 도입, 전개, 마무리와 같은 자연스러운 교육적 효과도 높이는 데 중요한 역할이라 할 수 있다.

가. 연간지도안 - 아동 수준에 맞는 주제와 목표로 구성되어 있는지 여부를 평가하는 항목들로 구성되어 있다.

나. 학습지도안 - 아동 수준에 맞는 주제와 목표로 구성되어 있는지 여부를 평가하는 항목들로 구성되어 있다.

영역 2. 교육환경

교육환경은 아동이 교육을 받을 수 있는 현장을 말하는 것이며 이러한 교육환경은 아동의 발달과 인성형성에 중요한 영향을 미친다. 어린 아동일수록 환경으로부터 많은 영향을 받기 때문에 교육적 환경이 갖춰지지 않은 상태에서 교육을 실시하게 되면 교육적 효과는 물론 아동발달에 악영향을 미치게 된다. 아동을 위한 교육환경은 기본적으로 건강과 안전에 대한 배려가 있어야 하며 다음으로는 정서적으로 안정감을 느낄 수 있는 분위기가 조성되어야 한다. 안정감 있는 교육환경은 교육적 효과뿐만 아니라 아동의 인성함양에도 많은 도움을 줄 수 있으며, 교사와 함께 적극적으로 교육에 참여할 수 있다. 그러기 위해서는 아동을 위한 교육적 환경구성은 매우 중요한 영역이라 할 수 있다.

가. 초등학교 교육환경 - 바둑교육이 실시되고 있는 교실의 위치와 더불어 아동의 안전이 보장되어 있는지에 여부를 평가하는 항목들로 구성되어 있다.

나. 바둑교육환경 - 바둑교육이 실시되고 있는 교육현장의 바둑교구의 구비 여부와

아동이 바둑교육 활동을 하는데 있어 필요한 교구들이 알맞게 배치되어 있는지에 대한 여부를 평가하는 항목들로 구성되어 있다.

영역 3. 교사의 자질

교사의 자질은 교육과정과 교육성과를 결정하는 중요한 요인으로 작용하게 된다. 뿐만 아니라 교사라는 지위와 역할에 있어 기본적으로 갖추어야 할 요건이다. 바둑교육 활동에서 아동에게 가르칠 내용에 대한 지식, 가르칠 수 있는 능력(전문성), 가르치고자 하는 신념을 갖추어야 함은 물론 아동을 이해하고 도우며, 아동의 인격을 존중하고 개인차를 인정하는 성품을 가져야 한다. 또한 교사는 일반적으로 교사의 역할은 학습자에게 지식과 학습만을 지도하는 것이 아니라 전인적인 인간으로 성장 발달할 수 있도록 하는 것을 포함하는 것을 말한다. 즉, 교사의 지식 외에도 교양, 몸가짐, 태도, 행동 등 모든 것이 아동에게 많은 영향을 미치기 때문에 외모나 행동 또한 타의 모범이 되어야 한다. 바둑교육 활동을 하는 교사 또한 바둑교육의 전문성을 가지고 있어야 하며 외모 또한 단정하게 하는 것이 중요하다.

이러한 교사의 외모는 학습준비도(교육활동 준비)라고도 할 수 있으며 이러한 교사의 학습준비도 및 자질을 평가하는 항목들로 구성되어 있다.

영역 4. 교수방법

교수방법의 방향과 질은 학습자의 질적인 향상에 도움을 줄 뿐만 아니라 교육의 성패와도 직결되므로 맹목적인 교육보다는 체계적인 교수방법과 효과적인 교수방법을 제시하는 것이 중요하다. 그러기 위해서는 교사가 교육 신념을 가지고 교육 목적을 달성하기 위한 교수방법을 수립하고 학습자 수준에 맞게 교육하는 것이 중요하다. 바둑교육 활동에서 또한 구체적인 목표와 학습자 수준을 고려하여 '어떻게' 하면 아동에게 쉽게 교육할 수 있을지 와 더불어 효과적인 교수방법으로 아동을 지도하여야 한다. 아동의 인지적 수준에 알맞은 학습경험을 제공하며 학교교육과 자연스럽게 연계하여 바둑교육 활동을 배울 수 있도록 도와주는 것은 물론 아동 스스로 문제를 해결하고 탐구할 수 있는 기회를 제공하는 등 아동의 질적 향상에 도움을 주어야 한다. 본 영역은 바둑교육 활동을 통해 다양한 지식을 구성을 할 수 있도록 물리적인 환경 및 교구가 제공되었는지, 교수방법 진행과정, 효과적인 교수방법에 대한 여부를 평가하는 것으로 구성되어 있다.

영역 5. 상호작용

교사는 교육기관에서 학습자를 직접지도, 교육하는 사람을 말한다. 교사-아동 상호작용이란 교육의 효과에 영향을 미치는 교수, 학습과정 중의 모든 교사와 유아의 접촉을 의미한다. 또 교육적 효과를 좌우하는 결정적인 요인이 되며 아동의 전반적인 성장과 발달에 도움을 줄 뿐만 아니라 프로그램의 질 또한 평가할 수 있는 척도라고도 할 수 있다. 교사-아동 상호작용은 비언어적 상호작용과 언어적 상호작용을 모두 포함하며 교사와의 상호작용이 높으면 아동의 참여도가 높을 뿐만 아니라 학습효과도 높게 나타난다. 바둑교육 활동에서도 교수-학습과정을 통해 다양한 질과 형태로 아동과 상호작용을 해야 하며, 학습안내자로서 아동이 바둑교육 활동을 재미있고 즐겁게 참여할 수 있도록 도와주어야 한다. 또한 이러한 바둑교육을 통해 질뿐만 아니라 다양한 사고를 이끌어낼 수 있도록 도와줘야 한다. 바둑교육 활동에서 교육목표, 교수방법뿐만 아니라 아동과 다양한 상호작용을 통해 교육적 효과를 높이고, 아동의 다양한 생각과 느낌을 주의 깊게 들어줌으로써 모든 아동이 바둑교육에 참여할 수 있도록 지도하여야 한다. 본 영역은 교사-아동의 상호작용에 대한 세부사항을 중심으로 평가를 구성하였다.

 **학습활동**

▌ 활동 1 ▐ 바둑교육 평가에 관한 토론   ACTIVITY

바둑교육에서 평가의 기능과 중요성에 대해 팀원들과 토론해 보기로 하자, 평가를 하지 않을 경우와 비교하여 어떤 차이가 있는지 생각해 보기로 한다,

▌ 활동 2 ▐ 바둑교육 평가문항 만들기   ACTIVITY

바둑교육의 성과를 평가하는 시험지 문항을 제작해 보기로 하자, 객관식 문항과 주관식 문항을 만들어 각각의 문항으로 학습자를 측정할 경우 어떤 차이가 있는지 생각해 보기로 한다,

 **단원정리**

1. 학습동기 유발
동기는 어떠한 일을 하게 하는 원동력(原動力)이다. 즉, 학습동기(學習動機)란에서 학습이 일어날 수 있게 이끌어주는 에너지를 말한다. 이러한 학습동기가 유발되기 위해서는 학습자에게 맞는 수업궁성이 필요하며 내재적 동기와 외재적 동기에 따라 보상과 강화가 함께하여야 학습 성취를 이룰 수 있다.

2. 학습자 상담과 학부모 상담
교육에 있어 상담은 필연적이다. 학습자는 물론 교육에 참여시키는데 큰 역할을 하는 학부모 또한, 교육에 대해 궁금한 점이 많이 있다. 그러므로 교사는 언제나 학습자를 이해하고 파악해야 하며 적절한 상황에 맞는 다양한 상담기법도 함께 숙지하여야 할 것이다.

3. 교수매체활용
교수−학습과정에서 강의만으로 수업을 진행한다면 매우 지루할 것이며 학습자의 이해를 돕는 것도 한계가 있을 것이다. 교수매체는 이론과 실전(실습, 현장 등)의 괴리감을 줄여주는 매개체로 교육을 진행할 시 다양한 교수매체의 활용으로 효과적인 교육 및 효과성을 줄 수 있다. 적절한 교수매체의 활용은 학습자의 이해를 도울 뿐만 아니라 수업의 구성도 풍성하게 만들어 준다.

4. 바둑교육데이터 관리
학습자를 잘 관리하여야만 학습목표에 한 걸음 더 다가갈 수 있다. 학습을 진행하는 상황에서 학습자가 중도포기하거나 도태되게 되면 현실적으로 교육이 진행되기 어렵다. 이러한 문제점이 일어나지 않게 하기 위해서는 교사는 바둑학습에 참여하는 학습자들을 체계적으로 관리해주는 것이 필요하다. 즉, 아동기초조사서, 출석부, 수업관찰기록부 등 다양한 형태로 학습자를 관리하여야 할 것이다. 또 이와 더불어 자녀의 학습에 궁금증을 가지고 있는 학부모들을 위해 전화, 인터넷(카페, 홈페이지), 이벤트 등도 함께 관리하는 것도 필요하다.

5. 수업계획서
교사가 교육을 진행할 때 그 수업에 대한 목표와 목적, 교육내용, 교수방법에 대한 계획이 없이 이루어지게 된다면 그것은 교육이라 할 수 없다. 수업계획서는 학습자 수준에 맞는 주제와 목표, 내용, 교수방법까지도 체계적으로 구성되어져야 한다. 다시 말해 수업을 진행할 때에는 반드시 교육에 맞는 수업계획서를 작성하여 교육을 실행하여야 하며, 구성요소로는 학습자 수준에 맞는 교육주제, 교육목표, 교육내용 등이 체계적으로 구성되어져야 할 것이다.

6. 바둑교육의 평가
교육에서 평가는 학습자의 수준을 제시해 줄 수 있을 뿐만 아니라 향후에 교육방향을 결정할 수 있기에 더욱 중요하다. 결과가 중요한 것보다 학습수준의 이해정도와 인지수준, 발달수준 등을 평가를 통해 알 수 있기 때문에 학습자에게 많은 도움을 줄 수 있다. 그리고 자녀교육에 대해 궁금증을 가지고 있는 학부모에게는 더없이 좋은 상담자료가 되기도 한다. 또, 교육에서의 평가는 학습자를 테스트해 본다는 의미도 있지만 무엇보다도 교육이 잘 이루어졌는지, 학습목표와 과정은 잘 진행되었는지 등을 교사 자신이 확인해 볼 수 있는 과정이기에 더욱 중요하다고 할 수 있다.

단원평가

01. 학습동기의 유형에 따라 다르게 행동할 수 있다. 목표지향형, 학습지향형, 활동지향형을 설명하고 어떠한 차이점이 있는지 설명하시오.

02. 학습에서의 동기유발 요소로는 내재적 동기와 외재적 동기로 나눌 수 있다. 내재적 동기유발과 외재적 동기유발 요소에 대해 각각 설명하시오.

03. 상담이란 도움이 필요한 내담자가 상담자에게 자신의 상태에 대해 처방, 치료받고자 할 때 일어난다. 이 때 상담는 어떠한 자질을 가지고 있어야 하는지 상담자의 요건에 대해 설명하시오.

04. 자녀의 교육에 궁금한 학부모는 수시로 상담을 요청한다. 이에 교사는 항상 학보모의 상담에 준비가 되어 있어야 할 것이다. 그렇다면 학부모 응대할 때 어떤 점들을 유의해야 하는지 설명하시오.

05. 교수매체의 장점을 설명하시오.

06. 바둑을 교육할 때에는 다양한 교수매체를 활용하여 교육할 수 있다. 이 때 바둑교육매체에는 어떠한 것들이 있으며, 어떻게 활용하여 교육할 수 있는지를 설명하시오

07. 학습자를 교육할 때 출석부 관리를 잘해야 하는 것이 매우 중요하다. 만약 출석부 관리를 제대로 못했을 시 일어나는 문제점이 무엇인지 논하시오.

08. 학습자의 교육에 관한 여러 가지 데이터를 모아두고 관리하는 것은 매우 중요하다. 이 때 교육데이터의 활용도는 어떻게 되는지에 대해 논하여라.

09. 어느 한 바둑교사는 수업계획서를 전혀 쓰지 않고 자신이 생각나는 대로 행동하고 교육한다. 이때 일어날 수 있는 문제점들이 무엇이 있는지 논하시오.

10. 교육 진행할 때 수업계획서는 있어야 한다. 이때 수업계획서에 반드시 포함되어야 하는 항목들이 있다. 그 항목들이 무엇이며, 왜 반드시 포함되어야 하는지를 설명하시오.

11. 교육에서 평가는 반드시 이루어져야 한다. 평가의 주목적은 학습자를 테스트하는 것이지만 이외에도 평가를 진행하는 이유들이 여러 가지가 있다. 그렇다면 평가의 기능에는 어떠한 것들이 있는지 논하고 그 이유가 무엇인지도 함께 설명하라.

12. 교육에서의 평가방법은 다양하다. 각 평가방법의 장,단점을 설명하고 만약 본인이 교사라면 어떠한 평가방법을 사용할 것인지 그리고 왜 그 방법을 사용할 것인지를 논하시오.

참고문헌

○ 도서

김용국(1981), 『한국위기사』, 서문당, 서울

문용직(2005), 『바둑의 발견』, 부키, 서울

방성익(2007), 『교육방법의 교육공학적 이해』, 교육과학사, 서울

백영균(2003), 『교육방법 및 교육공학』, 학지사, 서울

성태제, 강대중, 강이철, 곽덕주, 김계현(2002), 『교육학개론』, 학지사, 서울

신병식(2009), 「바둑과 방송」, 『2009 대한민국바둑백서』, 서울: 한국기원

이성호(1999), 『교수방법의 탐구』, 양서원, 서울

이재환(2003), 『Level Up 1』, 도서출판 바둑사랑, 용인

이창호(1999), 『이창호 끝내기특강 Ⅲ』, 바둑서당, 서울

이창호(2011), 『이창호의 부득탐승』, 라이프맵, 서울

정수현(1997), 『반상의 파노라마』, 도서출판 시와 사회, 서울

정수현(2004), 『아동바둑교육론』, 명지대학교 출판부

정수현(2009), 『현대바둑의 이해』, 나남출판, 서울

정용진(2009), 「바둑에 대한 국민 인식 조사- 2008 한국갤럽 여론조사 분석」, 『2009 대한민국바둑
백서』, 서울: 한국기원

笠井浩二(1992), 『바둑으로 머리가 좋아진다』, 홍구희 역, 도서출판 민맥, 서울

石田芳夫(1979), 『本因坊 秀策』, 권희역 역, 현현각, 서울

聶衛平(1989), 『바둑은 나의 길』, 도서출판 아진, 서울

吳淸源(1996), 『수석불로』, 아진출판사, 서울

晏天章, 嚴德甫(1988), 『玄玄棋經』, 안영이 편, 현현각, 서울

吳淸源(1971), 『圍碁 中盤戰術』, 삼신서적 역, 삼신서적, 서울

*An Assesment of undergraduate course syllabi at the University of Arkansas.
Unpublished doctoral dissertation*. University of Arkansas, Phwandaiphwanda, K, 2003.

*Motivational design of instruction. Insructional- desing theories and model: An
overview of their current status*, In C. M. Reigeluth(Ed), Keller, J. M. 1983.

Preparing course syllabi for improved communication, Lowther. M. A., Shark. J. S.,
&Martens, G. G, Ann Arbor: University of Michigan, National Center for Research to
Improve Postsecondary Teaching and Learning, 2003.

Simple Audio-Visual Aids to Foreign language Teaching, Lee. W. R & Helen Coppen,
Oxford University Press. London, 1975.

Teachering and media : A systematic approac, Gerlach, V. S, & Ely, D. P, 1980.

『*The Systematic Design Of Instruction*』, Dick, Carey & Carey, 김동식, 강병희, 설양환 공역,
서울: 아카데미프레스, 2003.

The systematic process of motivational design performance and instruction, .Keller, J.
    M, 1987.

○ 기보자료

「농심신라면배 준결승전 원성진9단 : 씨에허9단 기보」,『바둑연감』, 바둑연감, 2013

○ 사진자료

문용직의 바둑산책 연구회 사진, 「중앙일보」, 2014, 4. 11일 자
바둑 마스터즈 삼국지 사진, www.joybaduk.com, 2005

○ 신문자료

국민 10명 중 "바둑, 자녀에 도움된다.", 한국갤럽조사,(출처:http://www.gallup.co.kr/gallupdb/news.
    asp?selectYear=2008&search=2&search.Keyword=%B9%D9%B5%CF, 2008
바둑뉴스, 타이젬(www.tygem.com), 2014.5.14일 자
바둑뉴스, 타이젬(www.tygem.com), 2014.10.10일 자
바둑뉴스, 『인간바둑… 한 수, 한 수 소림무술로 착점』, (www.joins.com), 2009.8.31일 자
바둑뉴스, 『온오프 통합이 진정한 교육』, (www.tygem.com). 2014.10.10일 자

○ 홈페이지

'5단계 복기법' 영재바둑학원 홈페이지
출처: (www.kbaduk.com)
이영대(2007). 2007년 대학생의 직업목표와 진로계획 수립. 한국직업능력개발원 홈페이지.

○ 학술논문

김바로미(2004).『아동바둑교육에 대한 학부모 의식조사』. 석사학위논문. 명지대학교 대학원.
김바로미(2009).『바둑교육프로그램이 아동의 지능, 과제집중지속능력, 문제해결력 및 만족지연 능
    력에 미치는 영향』. 박사학위논문. 경희대학교 대학원.
김영채(1990).『학업수행과 결합되어 있는 동기 및 학습전략 변인』. 계명행동과학. Vol.3. 한국 바둑
    문화 연구회.
신삼수(2014).『선호도 높은 온라인 수능강의 특징 분석 연구』. 석사학위논문. 고려대학교 대학원.
이홍렬(2000).『신문 관전기의 역할과 변천사』. 바둑과 문화1. 한국바둑학회.
정수현(2002). 기풍의 객관적 분류를 위한 요인분석. 바둑과 문화 제2집. 한국바둑 문화연구회.
최병연(2002). 자기 결정성 학습동기 이론의 교육적 적용. 고려대학교 교육문제연구. Vol.16.No.-.
    pp.165-184.

정수현

- 한양대학교 영문학과 졸업
- 고려대학교 대학원 상담심리 전공 석사
- 고려대학교 대학원 교육학 전공 박사
- 현)명지대학교 바둑학과 교수
- 현)한국기원 프로기사
- 본서 연구·집필 책임자
- 집필단원: Ⅰ. 바둑교육의 기초

김바로미

- 명지대학교 바둑학과 졸업
- 명지대학교 대학원 바둑학 전공 석사
- 경희대학교 대학원 아동학 전공 박사
- 현)명지대학교 바둑학과 강사
- 현)명지대학교 방과 후 바둑지도사 주임교수
- 집필단원: Ⅲ. 바둑교육 실무

이수정

- 명지대학교 바둑학과 졸업
- 일본 도쿄 J.F오비린대학교 대학원 노년학 전공
- 명지대학교 대학원 바둑학 박사
- 현)명지대학교 바둑학과 강사
- 현)명지대학교 방과 후 바둑지도사 과정 강사
- 집필단원: Ⅱ. 바둑교육 방법

바둑지도사
실무

초판인쇄 2015년 3월 1일
초판발행 2015년 3월 1일

지은이   정수현·김바로미·이수정
펴낸이   채종준
펴낸곳   한국학술정보㈜
주소   경기도 파주시 회동길 230(문발동)
전화   031) 908-3181(대표)
팩스   031) 908-3189
홈페이지 http://ebook.kstudy.com
전자우편 출판사업부 publish@kstudy.com
등록   제일산-115호(2000. 6. 19)

ISBN 978-89-268-6851-5 93370